大人可愛い

プラバン小物と プチかわ アクセサリー

かんたんアレンジ 85

シモオオゾノミホ
(mimie)

メイツ出版

はじめに

私がプラバンにはじめて出会ったのは、小学校5年生のときでした。
少女マンガにでてくるような女の子を描いて、
キーホルダーとして使っていました。
それは今でも実家に置いてある、思い出の品です。

大人になって再会したプラバンは、あの頃とは違うカラフルなものでした。
どんな色でも塗れてしまうし、
キーホルダー以外のアクセサリーにもなってしまう。
今度はプラバンのその奥深さにはまり込んでしまい、今に至ります。

布や紙とは違う、既製品のような人工的で硬質なプラバン。
焼くと、くしゃくしゃっと動きながら縮み、色も濃くなります。
それを予測しながら、色を塗り、思い通りにできたとき、
ひとりニヤリとしています。

そして、私も感じたように「これがプラバン？」という
他の方の驚きもまた楽しみだったりします。

ひとりで作るのが私の日課ではありますが、
時々は子どもと作ることもあります。
焼く作業は手伝いが必要ですが、いっしょに色塗りをしていると、
大人にはない感性を目の当たりにします。
色や絵に触れることの大切さも感じることができますし、
何より子ども自身も楽しそうです。

この本の中には色塗りして焼くもの、
色塗りして焼いてレジンするものをレベル分けして載せています。
子どもさんにも大人の方にも、はじめての方にもプラバン好きな方にも、
参考にしてもらい、ぜひ楽しんで作ってもらえたらと思います。

私もまたこれから、「おもしろい」「かわいい」と
言われるものを生みだしていきたいです。

シモオオゾノミホ (mimie)

もくじ

Lesson

1, 図案をなぞる —— 8
2, 柄を塗る —— 12
3, カット —— 13
4, 焼く —— 18
5, アクリル絵の具／ニスを塗る —— 22
6, レジンを盛る —— 40
7, アクセサリー加工 —— 68

Making

キャンディみたいなさんかくピアス —— 6
ちょうちょのヘアピン —— 10
リボンのブローチ —— 14
たくさん窓のあるおうちピアス —— 20
ガーランドピアス —— 24
小さなツリーのブローチとピアス —— 26
きりんのブローチとゆらゆらピアス —— 28
ドットブローチ —— 30
ことりと森のヘアゴム —— 32
バレエシューズのヘアピン —— 34
カップケーキのブローチ —— 36
スイッチオンブローチ —— 38
ピーナッツのシンプルブローチ —— 39
「ふくろう商店」のふくろうブローチ —— 42
しろくまの親子でブローチ —— 44
ブタさんのマグネット —— 46
ペンギンのブックマーカー —— 48
レースリボンのブローチとピアス —— 50

しまうまブローチとブレスレット —— 52
カラフルネコのキーチェーンとブローチ —— 54
ちっちゃいレモンのピアス —— 56
まるごとレモンのヘアゴム —— 57
スライスレモン2枚のブローチ —— 58
ほんわかパグのブローチ —— 60
熟れすぎバナナと青いバナナのお弁当ゴム —— 62
まんまるヘアゴム —— 64
スニーカー、リボンパンプス、モカシンのお靴ブローチ —— 66
ロゼット風スタッフブローチ —— 70
乙女ブローチ —— 72
ふわふわ雪のスノードームブローチ —— 74

基本の道具と材料 —— 76
シモオオゾノミホ　図案集 —— 78

必ずお読みください

●プラバンについて
○プラバンの角や端は鋭利になっておりますので、取り扱う際には手指などを切らないように十分注意してください。
○お子様が扱う際は保護者の方が傍に付き、指導のもとで行ってください。
○アルコールや有機溶剤を含む接着剤などを使用する際は必ず換気をし、火気に注意してください。
○ハサミや穴あけ器具、やっとこなどを使用する際に指などに怪我をする恐れがあります。それぞれの道具の取扱説明書をよく読み、十分注意してください。
○プラバンを廃棄する際は、各地方自治体の廃棄区分に従ってください。
●加熱について
○プラバンを加熱すると、オーブントースターにくっついてしまう恐れがあります。必ずアルミホイルとクッキングシートを敷いてください。
○プラバンをオーブントースターに入れている間は目を離さないでください。
○加熱しすぎると、プラバンが溶けたり、煙がでたりすることがあります。その際は慌てずにオーブントースターのスイッチを切るか、コンセントを抜く、オーブントースターの扉を開けてしばらくその状態を保ち、換気を十分に行ってください。
○加熱後、しばらくの間プラバンは高温になります。また、オーブントースターやアルミホイルなども高温になっています。火傷をする恐れがありますので、絶対に直接手で触れないでください。
●本書について
本書掲載の写真・イラスト・図案・カット・記事の無断転載及びインターネット等での無断使用を禁じます。また作品及びそのデザインは、個人的に楽しむ場合を除き、無断での製作・販売を著作権法で禁じています。

本書の使い方

難易度
星の数で難易度を3段階に分けて表示しています。
★が少ないものが、かんたんです。

色と色番号
使用する水性カラーマーカーの色と色番号を記載しています。（例：ポスカ 黒…01）

原寸大図案
78ページから原寸大の図案を掲載しています。
そのままプラバンに描き写して使用できます。

ポップでカラフルなピアスは
小さなプラバンを活用
キャンデイみたいなさんかくピアス

三角ピアスは、
小さなプラバンでも作れます。
手軽にカットして、思うままの
キャンディーカラーに塗って。

材料

- 透明プラバン(0.4mm厚)
- ポスカ
  白(ベースカラー)…15
  黒…01
  赤…02
  青…03
  黄緑…05
  黄…09
  など好みで
- ▽ピアス(片耳分)
- ピアス金具:1個
  (貼り付けタイプ)

作り方

1. プラバンA面に、図案をポスカ白(極細)でなぞる。
2. 外側の線を残さないようハサミで切る。
3. A面を、好きな色のポスカ(極細)で塗り、乾かす。
4. A面を下にして焼き、プレスする。
5. A面にニスを塗り、乾かす。
6. A面にピアス金具を接着する。

ベースが白いポスカだからどんな色とも合う

プラバンに塗る色は、水性カラーマーカーのポスカを使っています。発色がよく、太さも様々あるので使いやすいです。ポスカの白をベースに、ストライプ、ドットなどの柄を好きな色で合わせてください。

Lesson 1

図案をなぞる

プラバンの向き、表裏に注意して図案をポスカでなぞる

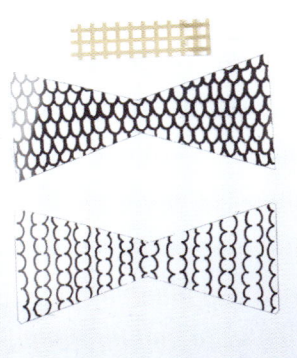

1 図案の上に、透明プラバンを重ね、ずれないようにマスキングテープなどで固定します。

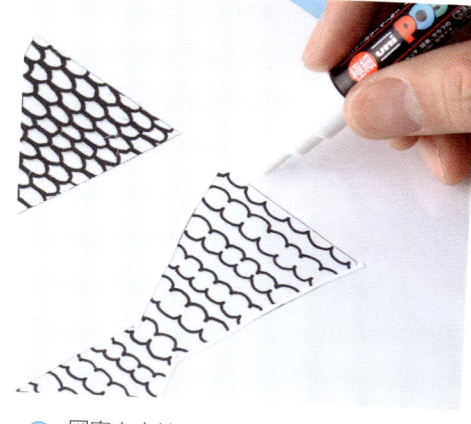

2 図案を水性カラーマーカー（ポスカ）の指定色でなぞる。

プラバンの表と裏に注意して

透明プラバンには、線や色がにじみにくいA面と、色がにじみやすいB面があります。特に記載のない限りA面に図案を描きます。
わかりにくいときは、試し描きをしてA面B面を確かめてください。

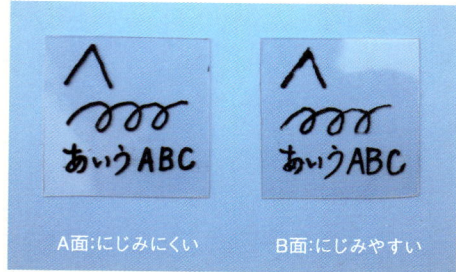

A面：にじみにくい　　B面：にじみやすい

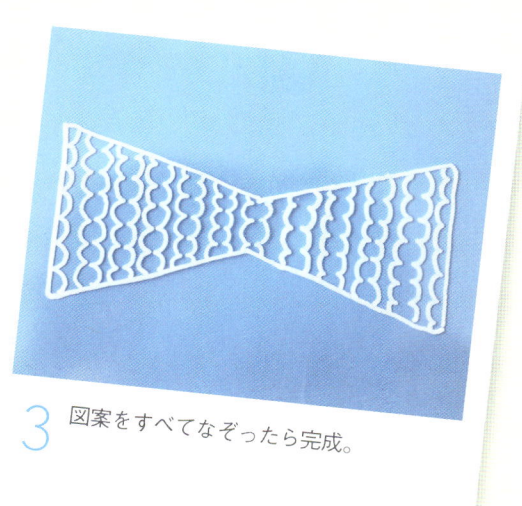

3 図案をすべてなぞったら完成。

色がにじみにくい
水性マーカーを使って

図案をなぞったり、絵柄を描いたりするときは水性カラーマーカーのポスカを使用します。重ねてレジンを盛る作品もあるため、にじんでしまう油性マーカーは使用しません。主に極細、細、中字を使います。

複雑な作品はカットを先に

カットが複雑なものは、カットする際に刃があたり、色がはげてしまいやすいです。先にカットしてからポスカを塗るほうがよいでしょう。色がはげてしまったら、焼く前であれば再度ポスカを塗ってください。

プラバンは縦と横で縮み方が違います

透明プラバンは、製品によって縦横の縮小率が違います。縦方向に縮みにくく、横方向に縮みやすいものが多いですが、使用するプラバンを正方形に小さく切り、試しに焼いて縮小率を確かめて。この本では、縦方向に縮みにくいプラバンを想定して、横方向に太った図案を掲載していますが、とくにまるい作品などを作る場合は調整してください。

Next Lesson　柄を塗る (12ページ)

触角の細かいパーツは余白を大きめにカット
ちょうちょのヘアピン

水色モクモク
青モクモク
オレンジドット
黒ストライプ
赤ハナ

黄ブクブク
マステ
白ドット
グルグル
黄ストライプ

細かいはみ出しは作品の味になります

雲や花など、細かい模様をなぞる作品です。模様をなぞるとき、少々はみ出してもあまり気にしないでください。プラバンは焼くと25%に縮むのできれいに仕上がります。

難易度 ★★★
図案 78ページ

色とりどりの蝶たちのヘアピン。
触覚の細かな部分は
余白を大きめにカットして
強度を増します。

材料（水色モクモク）

- 透明プラバン（0.4mm厚）
- ポスカ
  黒…01
  白…15
  水色…12
- アクリル絵の具
  水色
- ▽ヘアピン（ひとつにつき）
- ヘアピン金具：1個

作り方（水色モクモク）

1. プラバンA面に、図案をポスカ黒（極細）でなぞる。
2. 触覚部分は余白を残し、全体は外側の線を残さないようハサミで切る。
3. 雲をポスカ水色（極細）、模様をポスカ白（極細）でなぞる。
4. A面を下にして焼き、プレスする。
5. A面をアクリル絵の具／水色で塗りつぶし、乾かす。
6. A面にニスを塗り、乾かす。
7. A面にヘアピン金具を接着する。

水色モクモク
- ポスカ
  水色…12、白…15
- アクリル絵の具
  水色

青モクモク
- ポスカ
  青…03、白…15

オレンジドット
- ポスカ
  橙…10
- アクリル絵の具
  白

黒ストライプ
- ポスカ
  黒…01、白…15

赤ハナ
- ポスカ
  赤…02
- アクリル絵の具
  白

黄ブクブク
- ポスカ
  黒…01
- アクリル絵の具
  黄

マステ
- ポスカ
  うすだいだい…07
  黄…09、桃…11
  水色…12、白…15
  銀…17

白ドット
- ポスカ
  白…15
- アクリル絵の具
  オレンジ

グルグル
- ポスカ
  黒…01
- アクリル絵の具
  水色

黄ストライプ
- ポスカ
  黄…09、白…15

Lesson 2

柄を塗る　薄い色から順に、柄を均等に塗りつぶす

厚塗りに注意して

ポスカを厚く塗りすぎると、できあがりが汚くなってしまいます。乾いたら触ってみて、ボコボコと凹凸を感じるなら塗りすぎです。柄を塗る順番は、白に近い薄い色から塗りはじめ、だんだん濃い色を塗るとよいでしょう。薄い色を後で塗ろうとすると、ペン先が濃い色に触れてしまったときに汚れ、きれいな薄い色がでにくくなってしまいます。

レジン作品は色塗り時に注意

レジンを盛る作品の場合、両面に色を塗ることがあります。B面はA面より少し色をはじくので注意してください。

1 ポスカが乾いたら図案からプラバンをはずし、指定色を塗る。
ポスカを厚く塗りすぎると、できあがりが汚くなってしまいます。

間違って塗ったら、ティッシュで拭き取る

ポスカは水性なので、はみ出して描いたり、間違って塗ったときでもティッシュなどで拭き取ればやり直せます。少しくらいの薄い色でも、焼いて縮んだときに色が濃く残ってしまうので、しっかり落として。乾いてしまっても、水洗いすればやり直せます。

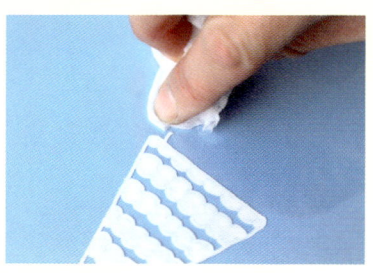

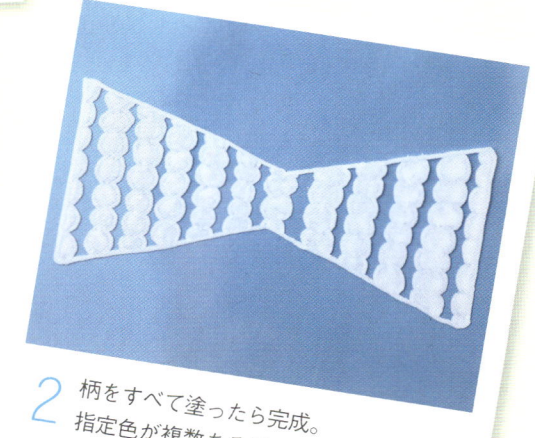

2 柄をすべて塗ったら完成。
指定色が複数ある場合、乾いてから次の色を塗る。

Lesson 3

カット　一度刃を入れたら区切りのよいところまで切って

カットは刃の中央部分を使って
ハサミを使うとき、刃の先端で切るとプラバンが割れてしまいやすいため、刃の中央部分を使ってカットしましょう。

刃先で切るとプラバンが割れやすい ✕

1 まず、図案より大きめの四角にカットする。とがった角は、先から1〜2mmほどカットしましょう。穴を開ける場合は焼く前に。

細部は切りやすい方向から
V字型など細かいところは、プラバンの表裏や左右をチェックして、やりやすい方向からカットしましょう。ハサミを大きくとると、プラバンが割れずにカットできます。

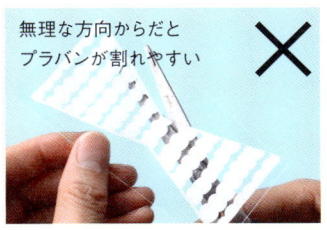

無理な方向からだとプラバンが割れやすい ✕

2 指定通りに細かい部分をカットする。ちょうちょの触覚などは、カットせずに残します。あまり細くカットすると、焼いたときにねじれたり曲がったりします。

カットする際のポイント

●**図案の外側の線を残さない場合**：外側の線を残さずカットする場合、線が残らないように注意してください。プラバンは焼くと縮むので、少し外線が残っただけでも見栄えが悪くなってしまいます。

●**余白を残す場合**：レジンを盛る作品など、図案の外側の線から1〜2mmほど余白を残してください。余白が少ないと、レジンを盛ったときに線が見えにくくなります。

●**区切りのよいところまで切る**：同じ直線部分やラウンド部分などは何度かに分けてカットするのではなく、一度刃を入れたら区切りのよいところまで切ってください。焼いたときになめらかになります。

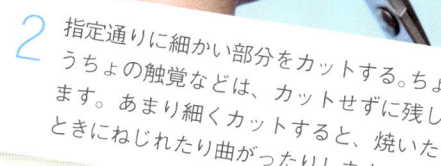

Next Lesson　焼く　(18ページ)

ブルー
ピンク
レッド
イエロー
モノトーン
ストライプ

定番のリボンモチーフは柄や色をかえてバリエーションを楽しむ

リボンのブローチ

難易度 ★☆☆
図案 79〜81ページ

材料(ブルーストライプ)

・透明プラバン(0.4mm厚)
・ポスカ
　黒…01
　青…03
　白…15
▽ブローチ(ひとつにつき)
・ブローチピン(25mm):1個

作り方

1. プラバンのA面に、図案をポスカ黒(極細)でなぞる。
2. 外側の線を残さないようハサミで切る。
3. ストライプをポスカ青・白(中字など)で塗り、乾かす。
4. A面を下にして焼き、プレスする。
5. A面にニスを塗り、乾かす。
6. A面にブローチピンを接着する。

シンプルなリボンの形だから、
どんな柄でもきれいにまとまります。
バリエーションをたくさん作って
プラバンアクセを楽しんで。

ピーチ　　　　　　レモン　　　　　　ブルー

ウォーター　　　　ブラック

クロス

ストライプ

ブルー
・ポスカ
　青…03、白…15

ピンク
・ポスカ
　桃…11、水色…12

イエロー
・ポスカ
　黄…09、銀…17

レッド
・ポスカ
　赤…02、白…15

モノトーン
・ポスカ
　黒…01、白…15

クロス

ピーチ
・ポスカ
　桃…11、白…15

レモン
・ポスカ
　黄…09、白…15

ブルー
・ポスカ
　青…03
・アクリル絵の具
　水色

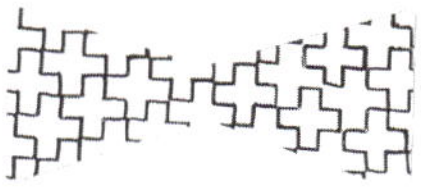

ウォーター
・ポスカ
　黒…01
・アクリル絵の具
　水色

ブラック
・ポスカ
　白…15
・アクリル絵の具
　黒

細かい柄にはアクリル絵の具を塗る

一部の作品では、ポスカで細かい柄を描いてから焼き、その上にアクリル絵の具を塗っています。この塗り方だと、細かな塗り分けもきれいに仕上がります。

グリーンガーデン

モノトーンフラワー

うろこ

ガーランド

フラワーガーデン

いろいろ

いろいろ

グリーンガーデン
- ポスカ
  赤…02、緑…04
  黄緑…05、水色…12

うろこ
- ポスカ
  白…15
- アクリル絵の具
  青

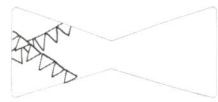

ガーランド
- ポスカ
  黄緑…05
  うすだいだい…07
  黄…09、桃…11
  水色…12
- アクリル絵の具
  白

フラワーガーデン
- ポスカ
  桃…11、水色…12
  白…15、銀…17
  (円を描くようにして
  透明を塗り残す)

モノトーンフラワー
- ポスカ
  黒…01
- アクリル絵の具
  白

モノトーン

レッド

ピンクライン

イエロー

オレンジ

マリン

ピンク

イエローサークル

ホワイト

ブルー&ゴールド

ボーダー&ドット

ボーダー
モノトーン
・ポスカ
黒…01、白…15

レッド
・ポスカ
赤…02、銀…17

イエロー
・ポスカ
黄…09、白…15

マリン
・ポスカ
青…03、白…15

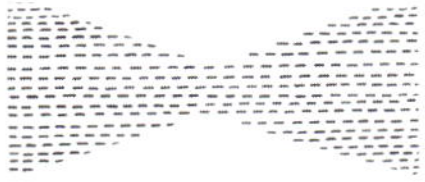

ピンクライン
・ポスカ
桃…11、白…15

ドット

オレンジ
・ポスカ
黒…01
・アクリル絵の具
オレンジ

ピンク
・ポスカ
桃…11、白…15

ブルー&ゴールド
・ポスカ
青…16
金…16
・アクリル絵の具
白

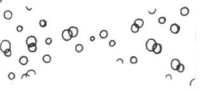

イエローサークル
・ポスカ
黒…01
・アクリル絵の具
黄

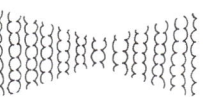

ホワイト
・ポスカ
白…15
・アクリル絵の具
黒

Lesson 4

焼く
プラバンの動きが止まるまで焼いて、すぐにプレス

用意するもの
くしゃくしゃにしたアルミホイル、クッキングシート

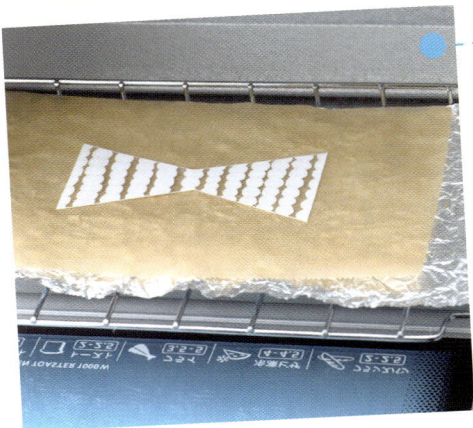

焼く前に汚れは拭き取る
塗りムラや、マスキングテープののりの残りは、焼く前にティッシュやクロスで拭き取りましょう。残っていると、焼き上がりがきれいに仕上がりません。

1. あたためたオーブントースターに、くしゃくしゃにしたアルミホイルとクッキングシートを敷き、色を塗った面を下にしてプラバンを入れ扉を閉める。

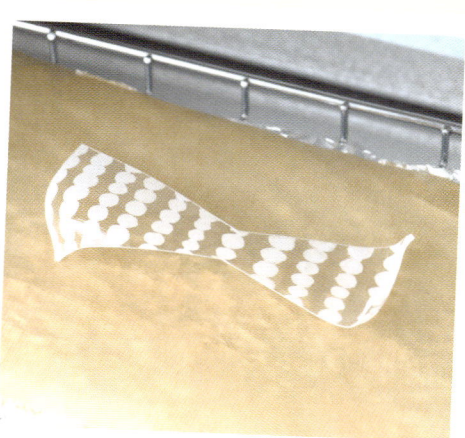

焼く時間はそれぞれ
プラバンの大きさや形、色を塗った広さ、トースターのワット数や機能などによって焼く時間は様々です。私は860wのオーブントースターを使用しています。色を塗った面を下にすると、焼き終わった後取り出しやすいです。匂いがするので、換気はしっかりと。

2. 入れて数秒でプラバンが縮みはじめる。

焼き上がりの見極め
●ポスカを塗っていないもの：図案をなぞっただけで、ポスカを塗っていないプラバンは、一度曲がって、平らに戻り動きが止まったら焼き上がりです。
●ポスカを塗ったもの：ポスカを塗ったものは、曲がったまま平らに戻りません。動きが止まったら焼き上がりです。

プレスのコツ
オーブントースターから取り出すと、プラバンはすぐ冷えて固まるので、すぐにプレスします。厚い本などでもプレスできますが、本の色が移ることがあります。

3 プラバンの動きが止まったら取り出し、すぐ金属トレイ2枚でプレスし冷ます。熱いのでやけどに注意して。

4 きれいにプレスできたら完成。

うまくプレスできなかったら
うまくプレスできなかったら、再度焼いてやり直しできます。しかし、焼きすぎてしまったものや、くっついたもの、再度焼いても動きがないものはやり直しできません。

プラバンは焼くと縮んで厚く、硬くなります

プラバンによって、縮小率には差があります。また、縮み方も違い、縦に長くなったり横に長くなったりしますので焼く位置や時間を調整しましょう。

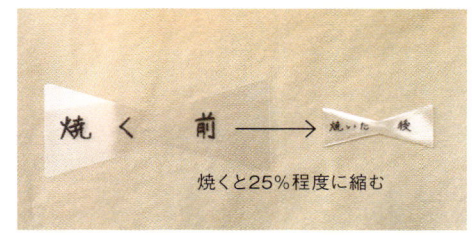

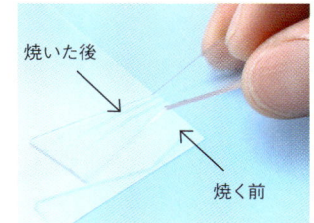

Next Lesson　アクリル絵の具／ニスを塗る（22ページ）

人々の生活を思って
窓はラフに描く
たくさん窓のあるおうちピアス

集合住宅

二世帯

カップル

個性豊かな住民たちが、
いっしょに住んでいるおうち。
窓の線は、少しラフなぐらいの方が
楽しい暮らしぶりが表現できます。

材料

- 透明プラバン（0.4mm厚）
- ポスカ
  黒…01
- アクリル絵の具
  白
- ▽ピアス（片耳分）
- ピアス金具：1セット
  （貼り付けタイプ）

作り方（集合住宅）

1. プラバンA面に、図案をポスカ黒（極細）でなぞる。
2. 外側の線1mm外をハサミで切る。
3. A面を下にして焼き、プレスする。
4. A面をアクリル絵の具／白で塗りつぶし、乾かす。
5. A面にニスを塗り、乾かす。
6. A面にピアス金具を接着する。

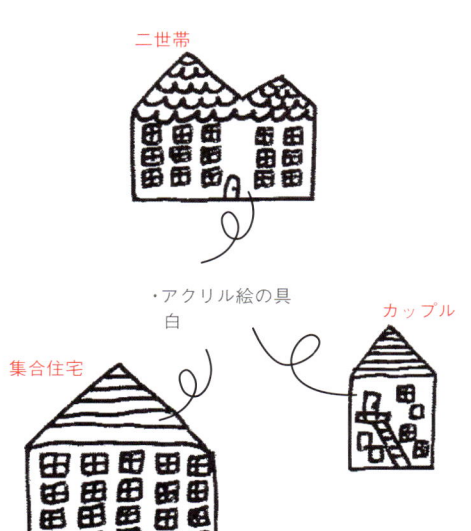

二世帯

・アクリル絵の具
　白

カップル

集合住宅

小さい作品は
テープで固定して塗って

小さい作品ですので、アクリル絵の具やニスを塗るときは、両面テープなどで固定して塗ると作業しやすいです。白以外のアクリル絵の具を使っても素敵に仕上がります。

Lesson 5

アクリル絵の具／ニスを塗る
それぞれ完全に乾かしてから塗る

筆のあとを反対からチェック

ときどき反対側から筆のあとが残っていないかチェックしましょう。

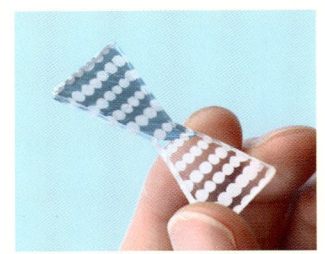

1 アクリル絵の具を塗る。

ぼってりのせるように

アクリル絵の具は水で薄めず、焼きあがったプラバンにぼってりとのせるようにして塗ります。

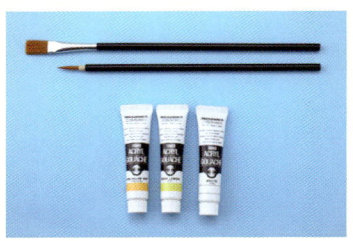

2 側面を拭き取り、アクリル絵の具を乾かす。

乾きの早いニスが◎
アクリル絵の具が完全に乾いたら、色落ち防止のためニスを塗ります。

はみ出した絵の具は拭き取る
側面などにはみ出してしまったアクリル絵の具をティッシュなどで拭き取ります。ポスカを塗った面のはみ出しは落とせないので注意してください。

3 色落ち防止のためニスを塗る。

4 ニスを完全に乾かして、完成。

筆はすぐに洗って
アクリル絵の具やニス塗りに使った道具は、すぐに水洗いしないと固まってしまいます。

Next Lesson　レジンを盛る（40ページ）

季節に合わせ
色の組み合わせをアレンジ
ガーランドピアス

ピンク+水色
黄緑+ピンク
ブラック
ゴールド
レッド+オレンジ
水色+ブルー
ブルー
カラフル

三つの三角形を、
暖色系、寒色系でまとめる。
様々な組み合わせを楽しんで。

材料

- 透明プラバン(0.4mm厚)
- ポスカ
  - 黒…01
  - 赤…02
  - 青…03
  - 黄緑…05
  - うすだいだい…07
  - 黄…09
  - 桃…11
  - 水色…12
  - 白…15
  - 金…16
- ▽ピアス(片耳分)
- フック式ピアス金具:1個
- 丸カン(0.7mm×4):2個

作り方(黄緑+ピンク)

1. プラバンA面に、図案をポスカ黒(極細)でなぞる。
2. 外側の線を残さないようハサミで切る。
3. 3mm幅のパンチで穴を開ける。
4. 下絵全体をポスカ黄緑・白・桃(中字など)で塗りつぶし、乾かす。
5. A面を下にして焼き、プレスする。
6. A面にニスを塗り、乾かす。
7. プラバンの穴に丸カン2個、フック式ピアス金具を付ける。

尖った三角形の頂点は 1mmほどカット

プラバンをハサミで切るとき、三角形の頂点になるところはそのままだと尖っているため、1mmほどカットしましょう。できあがりもきれいになります。

ピンク+水色
- ポスカ
  - 桃…11
  - 白…15
  - 水色…12

レッド+オレンジ
- ポスカ
  - 赤…02
  - うすだいだい…07
  - 白…15

水色+ブルー
- ポスカ
  - 水色…12
  - 白…15
  - 青…03

ブルー
- ポスカ
  - 青…03

カラフル
- ポスカ
  - 黄…09
  - 桃…11
  - 水色…12

ゴールド
- ポスカ
  - 金…16

ブラック
- ポスカ
  - 黒…01

シンプルピアス
ドットピアス
うろこピアス
ストライプピアス
シンプルブローチ
ボーダーブローチ

アクリル絵の具2色を混ぜ、静かな夜に輝くツリーを表す

小さなツリーのブローチとピアス

青みがかったグリーンを塗る。
素材を活かした透き通ったカラーは
冬が長い異国のツリーのよう。

材料

- 透明プラバン（0.4mm厚）
- ポスカ
  白…15
- アクリル絵の具
  青
  緑
- ▽ブローチ（ひとつにつき）
- ブローチピン（25mm）：1個
- ▽ピアス（片耳分）
- フック式ピアス金具：1個
- 丸カン（0.7mm×4）：2個

作り方

1. プラバンのA面に、図案をポスカ白（極細）でなぞる。
2. 外側の線を残さないようハサミで切る。
   ピアスは3mmのパンチで穴を開ける。
3. A面を下にして焼き、プレスする。
4. A面に、アクリル絵の具／青と緑を混ぜたものを塗り、
   プラバン全体を1回ティッシュオフし、乾かす。
5. A面にニスを塗り、乾かす。
6. ブローチは、A面にブローチピンを接着する。
   ピアスは丸カン2個、フック式ピアス金具を付ける。

アクリル絵の具を落として透明感を出す

緑と青のアクリル絵の具は4：6の割合で混ぜています。お好みでもかまいません。
全体に塗ったら、乾く前にティッシュオフして、余分なカラーを取り除くことで透明感を出します。

ゆらゆらピアス

ブローチ

ポスカとアクリル絵の具で
きりんの網目模様を
立体的に見せる

きりんのブローチとゆらゆらピアス

きりんの模様を塗るときは、
下絵の線を消さないように気を付けて。
時々、裏返して
塗れているか確認しましょう。

材料

- 透明プラバン(0.4mm厚)
- ポスカ
  黒…01
  茶…13
- アクリル絵の具
  蒸栗色(または黄かクリーム)
- ▽ブローチ
- ブローチピン(20mm):1個
- ▽ピアス(片耳分)
- 丸カン(0.7mm×4):2個
- フック式ピアス金具:1個

作り方

1. プラバンA面に、図案きりん1(p83)をポスカ黒(極細)でなぞる。
2. 外側の線1mm外を残しハサミで切る(脚の間はできる限りのカットでOK)。ピアスは3mm幅のパンチで穴を開ける。
3. カットしたプラバンのA面を上にして、図案きりん2(p83)に重ね、ポスカ茶(極細)で描き、乾かす。
4. A面を下にして焼き、プレスする。
5. A面にアクリル絵の具/蒸栗色(またはクリーム色)を塗り、乾かす。
6. A面にニスを塗り、乾かす。
7. ブローチは、A面にブローチピンを接着する。ピアスは丸カンを付け、フック式ピアス金具を付ける。

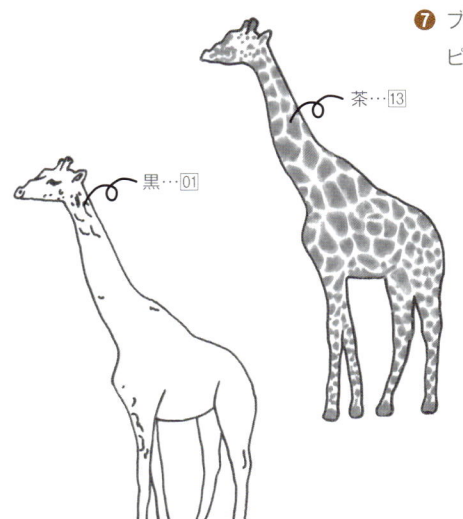

黒…01 茶…13

焼くときは目を離さないで

細長いので、焼くときに丸まって、端と端がくっついてしまわないように気をつけて。
くっついたら、熱い間にはがしましょう。

ネイルカラーで描くドット。
バランスを見ながら、
ネイルをぽたりと落として

ドットブローチ

あお

きみどり

むらさき

ドットを描いたのは
ネイルカラー。
カラフルなポスカとも異なる、
独特の雰囲気をかもしだす。

材料

- 透明プラバン（0.4mm厚）
- ネイル用カラー
  黄緑
  紫
  水色
- アクリル絵の具
  白
- ▽ブローチ（ひとつにつき）
- ブローチピン（25mm）：1個

作り方

① プラバンのA面に、図案をポスカでなぞる。
② 外側の線を残さないようハサミで切る。
③ カットしたプラバンを焼き、プレスする。
④ ネイル用カラーを付属の筆にたっぷり含ませ、プラバンの好きなところに落とし、乾かす。
⑤ 乾いたネイル用カラーの上にアクリル絵の具／白を塗り、乾かす。
⑥ ニスを塗り、乾かす。
⑦ ブローチピンを接着する。

あお
・ネイルカラー
　水色

きみどり
・ネイルカラー
　黄緑

むらさき
・ネイルカラー
　紫

アクリル絵の具のかわりにネイルカラーを使っても

ネイルをぽたりと落として描いたドットは厚みがあるため、ボコボコ感が出ますが、ブローチピンを付けると気になりません。アクリル絵の具のかわりに他のネイル用カラーでもOKですが、色落ち防止のためニスは塗りましょう。アクリル絵の具の代用として、フェルトを接着しても、かわいくなります。（フェルト接着方法については39ページ参照）

色鉛筆を使って
やわらかな線を描く
ことりと森のヘアゴム

白プラバンに、
色鉛筆で描いた作品。
やわらかであたたかい風合いが
まるで絵本から抜けでてきたよう。

材料

- 白プラバン(0.2mm厚)
- ダーマトグラフ
  青
  緑
- ▽ヘアゴム(ひとつにつき)
- ヘアゴム金具：1個

作り方

1. 白プラバン(表裏なし)に、図案をダーマトグラフで全てなぞる。ことりの羽の部分はティッシュや指でぼかす。
2. 余白を残さないようハサミで切る。
3. 図案を描いた面を下にして焼き、プレスする。
4. 図案を描いた面にニスを塗り、乾かす。
5. 図案を描いていない面に、ヘアゴム金具を接着する。

色鉛筆は
筆圧で雰囲気が変わる

透明プラバンには塗りにくい色鉛筆ですが、白プラバンに描くと画用紙のような作品に。強弱をつけ、ぼかしを入れて焼くと、また違った表情になります。

ことり
・ダーマトグラフ
　青

森
・ダーマトグラフ
　緑
　青

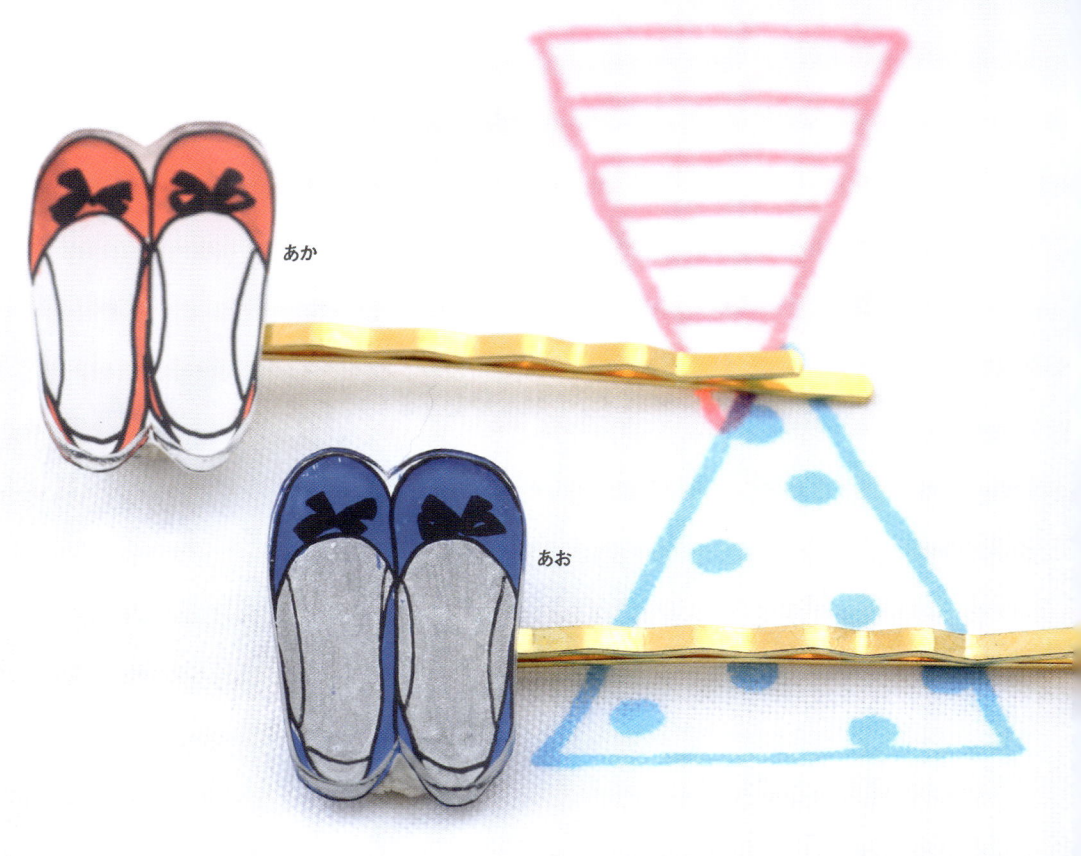

あか

あお

細かい塗り分けは
プラバンを焼いた後に

バレエシューズのヘアピン

バレエシューズは
女の子の永遠のあこがれ。
小さい女の子を想像して作った、
プレゼントにもぴったりなヘアピン。

材料

・透明プラバン（0.4mm厚）
・ポスカ
　黒…01
　赤…02
　銀…17
・アクリル絵の具
　白
　青
▽ヘアピン（ひとつにつき）
・ヘアピン金具：1個

作り方

① プラバンのA面に、図案をポスカ黒（極細）でなぞる。
② 外側の線1mm外をハサミで切る。
③ A面を下にして焼き、プレスする。
④ A面に、あかは靴の色（ポスカ赤）、
　 あおはインソール（ポスカ銀）を塗り、乾かす。
⑤ A面に、あかはアクリル絵の具／白、
　 あおはアクリル絵の具／青を重ね、乾かす。
⑥ A面にニスを塗り、乾かす。
⑦ A面にヘアピン金具を接着する。

混色を避けるため
焼いた後にポスカを塗って

焼く前に色を塗ると、細かいために黒で描いた図案と色が混じりやすくなります。焼いた後に着色すると、色が塗りやすくなります。ただし、細かくはなるので慎重に。

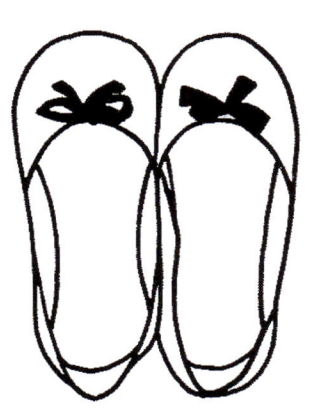

あか
・ポスカ
　黒…01
　赤…02
・アクリル絵の具
　白

あお
・ポスカ
　黒…01
　銀…17
・アクリル絵の具
　青

ミント

いちご

ミルク

ピックの旗は
反転させた
文字を書く

カップケーキのブローチ

難易度 ★★★
図案 85ページ

カラフルなクリームのカップケーキ。
フラッグには「HAPPY」の文字。

材料

- 透明プラバン（0.4mm厚）
- ポスカ
    黒…01
    桃…11
    茶…13
    白…15
    銀…17
- アクリル絵の具
    クリーム（または蒸栗色）、水色
▽ ブローチ（ひとつにつき）
- ブローチピン（20mm）：1個

作り方（いちご）

1. プラバンA面に、図案をポスカ黒（極細）でなぞる。
2. 外側の線1mm外をハサミで切る。
3. A面にケーキ部分をポスカ茶、旗部分を線が消えないようにポスカ銀（中字など）でそれぞれ塗りつぶす。
4. A面を下にして焼き、プレスする。
5. A面にクリーム部分をポスカ桃、カップ部分をアクリル絵の具／クリーム（または蒸栗色）で塗り、乾かす。
6. A面にニスを塗り、乾かす。
7. A面にブローチピンを接着する。

ベースは焼く前に細かい部分は焼いた後に描く

細かい部分をポスカで塗るとき、図案の色と混じりやすくなります。焼いた後に細かい部分を着色すると、図案の黒が消えにくく、色が塗りやすくなります。先に塗ったほうが定着しやすい銀色は先に塗っています。

いちご
- ポスカ
    桃…11
    白…15

ミント
- ポスカ
    白…15
- アクリル絵の具
    水色

ミルク
- ポスカ
    黄…09
    白…15

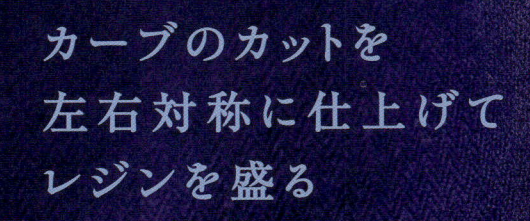

カーブのカットを
左右対称に仕上げて
レジンを盛る

スイッチオンブローチ

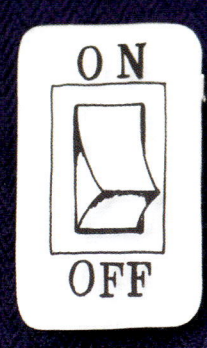

人にスイッチがついていて、
オン・オフできたらおもしろいなあと
思いついたブローチです。
これをつけたら、
できる人に……なるかも。

材料
- 透明プラバン(0.4mm厚)
- ポスカ
  黒
- アクリル絵の具
  白
▽ブローチ
- ブローチピン(20mm):1個

難易度 ★★★
図案 85ページ

作り方

1. プラバンA面に、図案をポスカ黒(極細)でなぞる。
2. 外側の線を残さないようハサミで切る。
3. A面を下にして焼き、プレスする。
4. B面をアクリル絵の具／白で塗りつぶし、乾かす。
5. B面にニスを塗り、乾かす。
6. A面にレジンを乗せ、つまようじなどで気泡をとり、硬化する。
7. B面にブローチピンを接着する。

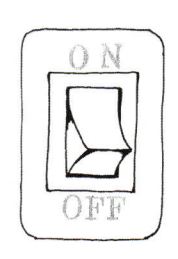

カーブの部分は
慎重にカット

図案に沿って、カーブのカットをきれいに切りましょう。
オンとオフの文字の配置を反対にしてもOKです。

アクリル絵の具ではなく、
裏面にフェルトを貼ったピーナッツ。
カラーの保護だけでなく
ディテールが自然になります。

裏面にフェルトを貼って
ピーナッツの
ディテールが自然に

ピーナッツのシンプルブローチ

難易度 ★★☆
図案 85ページ

材料

- 透明プラバン(0.4mm厚)
- フェルト／ベージュ
- ポスカ
  白…15
- ▽ブローチ
- ブローチピン(25mm)：1個

作り方

1. プラバンA面に、図案をポスカ白(極細)でなぞる。
2. 外側の線を残さないようハサミで切る。
3. A面を下にして焼き、プレスする。
4. A面にレジンを乗せ、つまようじなどで気泡をとり、硬化する。
5. フェルトの上にプラバンを置き、ボールペンなどでまわりを線でなぞり、ボールペンの線が残らないようカットする。
6. フェルトに手芸用ボンド(透明になるもの)を全体的に塗り、プラバンのB面に接着する。
7. フェルトの上にブローチピンを接着し、はがれ防止の為、ピンをフェルトに縫い付ける。

プラバンの特徴を活かし、フェルトの風合いを見せる

ピーナッツのブローチのオーダーを受けた際に悩んだのがカラーです。どうしても漫画っぽくなってしまうと悩んでいたときに試したものがフェルト地。まさにベージュはピーナッツ色でした。

ポスカ 白…15

Lesson 6

レジンを盛る
レジンをぷっくり盛って硬化する

外に向かってのばす

表面張力があるので、量が多すぎない限りレジンは落ちにくいです。中央に垂らしたレジンを外に向かって、全体的にのばしてください。

1 プラバンの中央にレジンを垂らす。

2 つまようじや竹串などで全体的にのばす。

レジンはハードタイプを

レジンはハードタイプがベストです。ソフトタイプははがれる可能性があります。

1度目はバターのように薄く。2度目はぼってり塗る

ポスカを塗った上にレジンを盛る場合、気泡が入りやすいので2度に分けて盛ります。1度目はバターを塗るように薄くレジンを塗り、UVライトで硬化してまずはツルツルの状態に。その後に中央にレジンを垂らし、外に向かって全体的にのばしましょう。

気泡は持ち上げてとる

気泡の下につまようじなどを入れ、持ち上げるようにしてとります。スノードームなど水中の雰囲気を出す作品は、小さい気泡はわざと残して。パンチで穴を開けた作品は、穴をふさがないように注意。

3 つまようじや竹串などで気泡をとる。

5 レジンが固まったら完成。

表面の気泡は再度レジン

硬化後、表面に気泡による穴が開いてしまった場合、レジンを盛って再度硬化するときれいになります。表面ではなく、レジンの中に気泡が入ってしまうと、直すことができません。

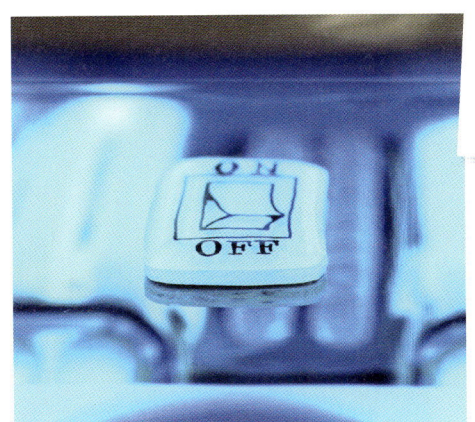

4 UVライトでレジンを硬化する。

UVライトを使ったほうがベスト

太陽光などでもレジンは硬化できますが、時間がかかります。硬化が早いUVライトの使用をおすすめします。UVライトは2,000円程度から購入できます。

Next Lesson　アクセサリー加工（68ページ）

福を呼ぶふくろうは
レジンでぷっくり盛って

「ふくろう商店」のふくろうブローチ

私が活動しているユニット
「ふくろう商店」のキャラとして誕生。
福を呼んでくれます。
レジンを盛って、ふくよかに。

難易度 ★★
図案 85ページ

材料

- 透明プラバン（0.4mm厚）
- ポスカ
  黒…01
  灰…14
- アクリル絵の具
  白
- ▽ブローチ
- ブローチピン（25mm）：1個

作り方

1. プラバンA面に、図案をポスカ黒（極細）でなぞる。
2. 外側の線1mm外をハサミで切る。
3. B面に羽の部分をポスカ灰（中字など）で塗りつぶし、乾かす。
4. B面を下にして焼き、プレスする。
5. B面をアクリル絵の具／白で塗りつぶし、乾かす。
6. B面にニスを塗り、乾かす。
7. A面にレジンを乗せ、つまようじなどで気泡をとり、硬化する。
8. B面にブローチピンを接着する。

レジンは
プラバンのA面に盛る

プラバンのA面にレジンを盛ります。ポスカの上にレジンを盛るときは、1度目は薄く、2度目は厚くすることが、きれいに盛るポイントです。1回で仕上げようとすると、なかなか気泡がとれません。

黒…01
灰…14

水色をティッシュでぼかし
氷の照り返しを表す

しろくまの親子でブローチ

照り返し

汗

リボン

ドット

こぐま

難易度 ★★★
図案 86ページ

氷の照り返しは薄く、
色がついたかつかないかぐらい
ぼかすのがコツ。

材料

- 透明プラバン（0.4mm厚）
- ポスカ
  黒…01
  赤…02
  青…03
  水色…12
  白…15
- アクリル絵の具
  白
- ▽ブローチ（ひとつにつき）
- ブローチピン（20mm）：1個

作り方（照り返し・こぐま）

1. プラバンA面に、図案をポスカ黒（極細）でなぞる。
2. 外側の線1mm外をハサミで切る。
3. B面に、照り返し部分にポスカ水色（細・中字など）を入れ、ポスカ白を塗る。軽くティッシュなどで押さえるか、指先で押さえぼかし、乾かす。
4. 色を塗った面を下にしてプラバンを焼き、プレスする。
5. B面をアクリル絵の具／白で塗りつぶし、乾かす。
6. B面にニスを塗り、乾かす。
7. A面にレジンを乗せ、つまようじで気泡をとり、硬化する。
8. B面にブローチピンを接着する。

色が濃くなったらティッシュで拭き取って

ポスカは水性なので、濃く塗ってしまった場合でも水を含ませたティッシュやスポンジで拭き取ると元に戻ります。

照り返し
水色…03

汗
白…15

リボン
赤…02

ドット
水色…12

こぐま

45

ちょうちょ　　　おはな　　　おかいもの　　　ロゼット

同じモチーフを使い
小物でアレンジを
ブタさんのマグネット

同じブタさんのモチーフですが、
塗るポスカの色あいと
小物の組み合わせで
全く雰囲気が変わります。

難易度 ★★
図案 86ページ

―――

102-0093

東京都千代田区平河町一丁目1-8
麹町市原ビル4F

メイツ出版株式会社
編集部　行

申し訳ありません
切手を
お貼りください。

郵便はがき

※さしつかえなければご記入ください。

お買い上げの本の題名	
あなたのお名前　　　男・女　歳	お買い求め先(書店,生協,その他)
ご住所　〒 Tel. Fax.　　　　e-mail	

―――

（…ちょ・おはな・おかいもの）

面に、図案をポスカ黒（極細）でなぞる。
　mm外をハサミで切る。
を塗る。点々の部分はポスカうすだいだいで、
それぞれのカラーを塗る。
にして焼き、プレスする。
クリル絵の具／白で塗りつぶし、乾かす。
を塗り、乾かす。
ジンを乗せ、つまようじなどで気泡をとり、

グネットパーツを接着する。

・はあしらいを変えて

めるマグネットは、いくつあって
せん。マグネットパーツが黒のと
けないようポスカ白などで2度塗
目立ちません。

おかいもの
・ポスカ
うすだいだい…07
水色…12

ロゼット
・ポスカ
水色…12
橙…10
桃…11

黒い羽毛は円を描くようにゆるく、
白い羽毛は毛並みを意識して塗る

ペンギンのブックマーカー

黒く塗りつぶすのではなく
円を描くようにして、
すこし塗り残しを。
平坦な印象が薄まります。

難易度 ★★★
図案 87ページ

材料

- 透明プラバン(0.4mm厚)
- ポスカ
  黒…01
  赤…02
  うすだいだい…07
  灰…17
  白…15
- ▽ブックマーカー
- 丸カン(0.7mm×4)：2個
- ブックマーカー金具：1個

作り方

❶ プラバンA面に、図案をポスカ黒(極細)でなぞる。
黒い羽毛の部分も塗る。

❷ 穴を開ける部分を残して、外側の線1mm外を
ハサミで切る。3mm幅のパンチで穴を開ける。

❸ A面の羽部分は、ポスカ白(極細)でなぞる。
胸の部分は、ポスカ灰を入れ、ポスカ白を塗りつぶし、
軽くティッシュなどで押さえてぼかす。その他の部分を、
それぞれの色で塗り、乾かす。

❹ A面を下にして焼き、プレスする。

❺ A面にニスを塗り、乾かす。

❻ B面にレジンを乗せ、つまようじなどで気泡をとり、
硬化する。

❼ プラバンの穴に、丸カン2個を付け、
ブックマーカー金具を付ける。

- ポスカ
  赤…02

- ポスカ
  灰…14

- ポスカ
  うすだいだい…07

- ポスカ
  白…15

ブローチや
ネックレスに加工しても

線の色を変えたり、ぼかし
たりと細かなテクニックが
必要な作品です。いくつか
作ってコツを覚えて、ブロー
チやネックレスに加工して
もよいでしょう。

グレーピアス　　ネイビーピアス　　白ブローチ

表裏に同系色を用いて
レースの風合いを出す

レースリボンのブローチとピアス

**同色系でまとめて
使いやすいアクセサリーに**

アクリル絵の具とポスカは同色系でまとめると、雰囲気が統一されて使いやすいアクセサリーになります。

難易度 ★★

図案 87ページ

レースの立体的な
風合いを出すために、
プラバンの表にレースの模様を描き、
裏面に同系色で地色を塗ります。

材料

- 透明プラバン（0.4mm厚）
- ポスカ
  黒…01
  青…03
  白…15
- アクリル絵の具
  黒
  白
  青

▽ブローチ（ひとつにつき）
- ブローチピン（25mm）：1個

▽ピアス（片耳分）
- 丸カン（0.7mm×4）：2個
- 丸カン（0.7mm×3）：2個
- チェーン（00mm）
- フック式ピアス金具：1個

作り方（白ブローチ）

1. プラバンA面に、図案をポスカ白（極細）でなぞる。
2. 外側の線1mm外をハサミで切る。
3. A面を下にして焼き、プレスする。
4. B面をアクリル絵の具／白で塗りつぶし、乾かす。
5. B面にニスを塗り、乾かす。
6. A面にレジンを乗せ、つまようじなどで気泡をとり、硬化する。
7. B面にブローチピンを接着する。

作り方（ピアス）

1. プラバンA面に、図案をポスカ青または黒（極細）でなぞる。
2. 余白1mmほど残し、ハサミで切る。3mm幅のパンチで左右2ヵ所穴を開ける。
3. A面を下にして焼き、プレスする。
4. B面に、グレーはアクリル絵の具／黒と白を混ぜたもの、ネイビーは、アクリル絵の具／青で塗り、乾かす。
5. B面にニスを塗り、乾かす。
6. A面にレジンを乗せ、つまようじなどで気泡をとり、硬化する。
7. プラバンの穴に、それぞれ丸カン2個とチェーンを付ける。チェーンの中央に丸カン2個を付け、フック式ピアス金具を付ける。

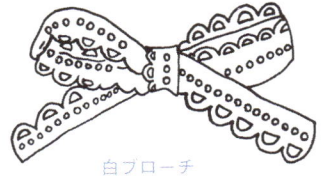

白ブローチ
表面の線
・ポスカ 白…15
裏面
・アクリル絵の具
  白

グレーピアス
表面の線
・ポスカ 黒…05
裏面
・アクリル絵の具
  グレー（黒と白を混ぜる）

ネイビーピアス
表面の線
・ポスカ 青…05
裏面
・アクリル絵の具
  青

ブローチ

ブレスレット

モノクロで描くしまうまは
細部の描き込みがコツ

しまうまブローチとブレスレット

黒のポスカで描き、
裏面に白のアクリル絵の具を。
線が細い作品ですが、
きっちり描き込みを。

難易度 ★★★
図案 87ページ

材料

- 透明プラバン(0.4mm厚)
- ポスカ
  黒…01
- アクリル絵の具
  白
▽ブローチ
- ブローチピン(20mm):1個
▽ブレスレット
- 丸カン(0.7mm×4):2個
- ブレスレット金具:1個

作り方(ブローチ)

1. プラバンA面に、図案をポスカ黒(極細)でなぞる。
2. 外側の線1mm外をハサミで切る
   (脚の間はできる限りのカットでOK)。
3. A面を下にして焼き、プレスする。
4. A面をアクリル絵の具/白で塗りつぶし、乾かす。
5. A面にニスを塗り、乾かす。
6. A面にブローチピンを接着する。

ブローチ

リアルな作品は
線の細さにも表情が

しまうまの縞は場所によって太さが異なります。それぞれの縞にも表情がある細かな作品ですが、図案をよく見て、きっちり描き込んでください。
脚の間のカットはできるところまででOKです。

ブレスレット
3mm ホール
3mm ホール

焼く前に3mm幅のパンチで穴を開ける。焼いて、アクリル絵の具とニスを塗った後レジンを盛り硬化する。その後、プラバンの穴に、丸カン2個を付け、ブレスレット金具を付ける。

ドット

ドット（水色）

しろ

ドットの大きさを揃え
配置は不規則にして
毛並みを表す

カラフルネコのキーチェーンとブローチ

白ネコは毛並みの揃った、しっぽの長い
きれい好きなネコをイメージしました。
カルフルネコの毛の微妙な色合いは
ドットを不規則にして表します。

難易度 ★★☆

図案 88ページ

材料

- 透明プラバン(0.4mm厚)
- ポスカ
  - 黒…01
  - うすだいだい…07
  - 黄…09
  - 水色…12
  - 白…15
  - 銀…17
- アクリル絵の具
  - 白
- ▽キーチェーン(ひとつにつき)
- 丸カン(0.7mm×4):2個
- ボールチェーン金具:1個
- ▽ブローチ
- ブローチピン(25mm):1個

作り方(ドット)

1. プラバンA面に、図案1(p88)をポスカ黒(極細)でなぞる。表情を描き、乾かす。
2. 外側の線を残さないようハサミで切る。耳に3mm幅のパンチで穴を開ける。
3. B面に図案2(p88)をポスカうすだいだい、ポスカ黄、ポスカ銀(極細)を塗る。
4. B面を下にして焼き、プレスする。
5. B面をアクリル絵の具／白で塗りつぶし、乾かす。
6. B面にニスを塗り、乾かす。
7. A面にレジンを乗せ、つまようじなどで気泡をとり、硬化する。
8. プラバンの穴に、丸カン2個を付け、ボールチェーン金具を付ける。

ドット
うすだいだい…07
黄…09
銀…17

ドット(水色)
うすだいだい…07
黄…09
水色…12

しろ
白…15
銀…17

※しっぽはA面
　カラーはB面です

パンチで穴を開けるときは十分注意して

すましたネコにしたかったので、ドットの大きさは揃えて塗るのがコツです。パンチで穴を開けるときは、ギリギリにならないように注意しましょう。

イエローときみどりの グラデーションで 青々と香るレモンに

ちっちゃいレモンのピアス

材料

- 透明プラバン（0.4mm厚）
- ポスカ
  黒…01
  黄緑…05
  黄…09
- ▽ピアス
- ピアス金具：1セット
  （貼り付けタイプ）

レモンのつぶつぶは、
黄色に熟すと目立つようになりますので、
黄色の部分につぶつぶを
小さく描きましょう。

難易度 ★★☆
図案 88ページ

黄…09
黄緑…05

作り方

1. プラバンA面に、図案をポスカ黒（極細）でなぞる。つぶつぶも描く。
2. 外側の線を残さないようハサミで切る。
3. B面をポスカ黄緑（中字など）で一部塗る。
4. 黄緑が乾く前に、ポスカ黄色（中字など）で全体を塗り、軽くティッシュなどで押さえて黄緑との境界をぼかし、乾かす。
5. B面を下にして焼き、プレスする。
6. B面にニスを塗り、乾かす。
7. A面にレジンを乗せ、つまようじなどで気泡をとり、硬化する。
8. B面にピアス金具を接着する。

同時に焼いてサイズを揃える

ブローチのときはひとつずつトースターに入れて焼きますが、ピアスなど小さなサイズのものは2個同時に焼いて、できる限り同じ大きさになるようにしています。

爽やかな香りと酸味が魅力のレモン。
レジンを盛って、
まるごと感をプラス。

まるごとレモンのヘアゴム

難易度 ★★
図案 88ページ

国産レモンだから
黄緑の部分を広めに

緑のまま収穫され、市場に出回るにつれて徐々に黄色になっていく、新鮮な国産レモン。黄緑に塗る部分を少し広めに塗りましょう。ただし、焼くと収縮して濃い色になるので薄めに。

作り方

1. プラバンA面に、図案をポスカ黒（極細）でなぞる。
2. 外側の線を残さないようハサミで切る。
3. B面をポスカ黄緑（中字など）で一部を塗る。
4. 黄緑が乾く前に、ポスカ黄（中字など）で全体を塗り、軽くティッシュなどで押さえて黄緑との境界をぼかし、乾かす。
5. B面を下にして焼き、プレスする。
6. B面にニスを塗り、乾かす。
7. A面にレジンを乗せ、つまようじなどで気泡をとり、硬化する。
8. B面にヘアゴム金具を接着する。

材料

- 透明プラバン（0.4mm厚）
- ポスカ
  黒…01
  黄緑…05
  黄…09
- ▽ヘアゴム
- ヘアゴム金具：1個

髪をまとめると、
元気が湧いてきます。
皮ごと食べられる、
国産レモンをイメージしました。

プラバンの透明感を活かして
ジューシーなレモンに

スライスレモン2枚のブローチ

レモンの果肉が透けている立体感を
プラバンの表裏に
色を塗り分けることで
表現するブローチです。

難易度 ★★★
図案 89ページ

材料

- 透明プラバン(0.4mm厚)
- ポスカ
  黄緑…05
  黄…09
  茶…13
  白…15
- アクリル絵の具
  黄
- ▽ブローチ
- ブローチピン(25mm):1個

作り方

1. プラバンA面に、図案の外側の線はポスカ黄(極細)で、その他をポスカ白(極細)でなぞる。種の一部とワタと果肉のつぶつぶも。ポスカ茶(極細)で塗る。
2. 外側の線を残さないようハサミで切る。
3. A面にポスカ黄緑、黄(中字など)で皮を塗り、乾く前に、軽くティッシュなどで押さえて境界をぼかし、乾かす。
4. A面を下にして焼き、プレスする。
5. B面をアクリル絵の具／黄で塗りつぶし、乾かす(濃くなりすぎないように)。
6. B面にニスを塗り、乾かす。
7. A面にレジンを乗せ、つまようじなどで気泡をとり、硬化する。
8. B面にブローチピンを接着する。

コツは果肉を描き込みすぎないこと

複雑に見えますが、実は要素も、使う色も多くはありません。プラバンが縮んだときの厚みを利用したもの。果肉はあまり描き込みすぎると白くなってしまうので、図案と同じぐらいの量にしましょう。できあがりの感動は大きい作品です。

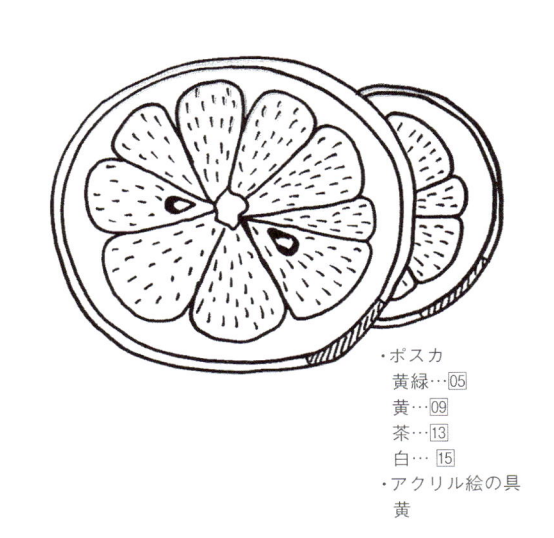

- ポスカ
  黄緑…05
  黄…09
  茶…13
  白…15
- アクリル絵の具
  黄

黒を塗り残して鼻や耳、口の周りの表情を作る

ほんわかパグのブローチ

ポスカは黒一色のみ。
口のまわりや、鼻や耳を
あえて塗り残して
パグの表情を作ります。

難易度 ★★☆
図案 89ページ

材料

- 透明プラバン(0.4mm厚)
- ポスカ
  黒…01
- アクリル絵の具
  白
- ▽ブローチ
- ブローチピン(20mm):1個

作り方

❶ プラバンA面に、図案をポスカ黒(極細)でなぞる。
❷ 外側の線1mm外をハサミで切る。
❸ A面を下にして焼き、プレスする。
❹ B面をアクリル絵の具／白で塗りつぶし、乾かす。
❺ B面にニスを塗り、乾かす。
❻ A面にレジンを乗せ、つまようじなどで気泡をとり、硬化する。
❼ B面にブローチピンを接着する。

目のハイライトは慎重に塗って

目のハイライト(白く光る部分)によって、パグの表情はぜんぜん違ってきます。間違って塗ってしまったときは、ポスカ白で描き込みましょう。パグは黒い部分が多いのですが、口や耳の部分は完全に塗りつぶしてしまわないことがかわいく作るコツです。

黒と茶のポスカで
バナナのシュガースポットを表現

熟れすぎバナナと青いバナナのお弁当ゴム

熟れすぎバナナ

青いバナナ

難易度 ★★
図案 90ページ

完熟の甘い香りが漂うバナナ。
シュガースポットは、
黒と茶のポスカで表現。
となりには、まだ青い、若いバナナを。

材料

- 透明プラバン（0.4mm厚）
- ポスカ
  黒…01
  黄…09
  茶…13
- アクリル絵の具
  黄
  黄緑
- ▽お弁当ゴム（ひとつにつき）
- 黒ゴム（20mm幅）
  （お弁当箱のサイズにカット）

作り方（熟れすぎ）

1. プラバンA面に、図案1（p90）をポスカ黄（極細）でなぞる。バナナの黒い部分を、ポスカ黒（極細）でなぞる。
2. 図案2（p90）に重ね、A面に図案をポスカ茶（極細）で塗り、乾かす。
3. 余白を残さないようハサミで切る。
4. A面を下にして焼き、プレスする。
5. B面をアクリル絵の具／黄で塗りつぶし、乾かす。
6. B面にニスを塗り、乾かす。
7. A面にレジンを乗せ、つまようじなどで気泡をとり、硬化する。
8. B面にお弁当ゴムを接着する。

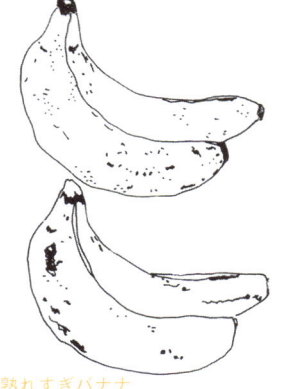

アイデア次第で小物をアレンジ

プラバン作品は、アクセサリーはもちろん、小物にもアレンジOKです。お弁当ゴムやマグネットなど、身近なものを自分好みに。

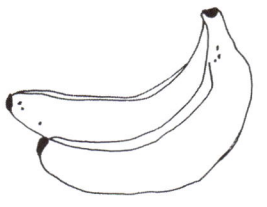

熟れすぎバナナ
- ポスカ
  黒…01
  茶…13
- アクリル絵の具
  黄

青いバナナ
- ポスカ
  黒…01
- アクリル絵の具
  黄
  黄緑はティッシュでぼかす

Autumn&Winter

Spring&Summer

レジンの透明感を活かした
大人かわいいヘアゴムに

まんまるヘアゴム

難易度 ★★★
図案 89ページ

レジンの風合いと
プラバン自体の特徴を活かし、
ガラスのような質感を。

材料

- 透明プラバン（0.4mm厚）
- ポスカ
  - 赤…02
  - 青…03
  - 黄緑…05
  - うすだいだい…07
  - 黄…09
- ▽ヘアゴム（ひとつにつき）
- ヘアゴム金具：1個

作り方（Autumn & Winter）

1. プラバンA面に、図案の丸い線をなぞる。
2. 外側の線を残さないようハサミで切る。
3. A面を図案に重ね、ポスカ赤、青、うすだいだい（極細）で塗る。
4. A面を下にして焼き、プレスする。
5. A面にニスを塗り、乾かす。
6. B面にレジンを乗せ、つまようじなどで気泡をとり、硬化する。
7. A面にヘアゴム金具を接着する。

Autumn & Winter
- ポスカ
  - 赤…02
  - 青…03
  - うすだいだい…07

Spring & Summer
- ポスカ
  - 黄緑…05
  - うすだいだい…07
  - 黄…09

ガラスのような質感を目指し、プラバンの透明を残す

ポスカは発色がよいだけあって、大きめの作品の場合は全面を塗りつぶすと、重さが出ることもあります。このヘアゴムではあえて透明な部分を残して、ガラスのような質感のヘアゴムを意識しました。プラバンの種類によってはまんまるにならないこともあります。

スニーカー
左から灰、白、黄

リボンパンプス
左から緑、赤、茶

プラバンの裏と表を
塗り分けて立体的に

スニーカー、リボンパンプス、
モカシンのお靴ブローチ

塗る面を確認しながら、丁寧に

基本の図案はA面、靴ひもとリボンはA面、靴本体とインソールはB面に塗り分けます。焼くと、奥行きを感じることができます。

モカシン
左から茶、水色、青

難易度 ★★★
図案 91ページ

表と裏を塗り分けることにより、
奥行きを感じられる作品です。
靴ひもやリボンなどは手前に、
インソールは奥に。

材料

- 透明プラバン(0.4mm厚)
- ポスカ
  黒…01
  赤…02
  うすだいだい…07
  黄…09
  水色…12
  灰…14
  白…15
  銀…17
- アクリル絵の具
  白

▽ブローチ(ひとつにつき)
- ブローチピン:1個

作り方(スニーカー灰)

1. プラバンA面に、図案をポスカ黒(極細)でなぞる。
2. 外側の線1mm外をハサミで切る。
3. つま先のソール部分をポスカ白、靴ひもの部分をポスカ灰で塗り、乾かす。
4. B面に、インソールの部分をポスカ赤と白(極細)、靴の表面の部分をポスカ灰で塗り、乾かす。
5. B面を下にして焼き、プレスする。
6. B面をアクリル絵の具／白で塗りつぶし、乾かす。
7. B面にニスを塗り、乾かす。
8. A面にレジンを乗せ、つまようじなどで気泡をとり、硬化する。
9. B面にブローチピンを接着する。

スニーカー:灰
- ポスカ
  赤…02
  灰…14
  白…15
- アクリル絵の具
  白

スニーカー:白
- ポスカ
  水色…12
  白…15
  銀…17
- アクリル絵の具
  白

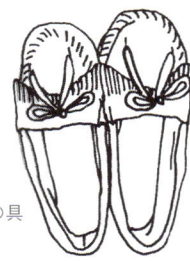

スニーカー:黄
- ポスカ
  うすだいだい…07
  黄…09
  白…15
  銀…17
- アクリル絵の具
  白

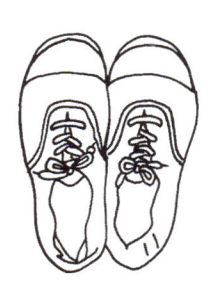

リボンパンプス:緑
- ポスカ
  緑…04
  黄緑…05
  茶…13
  金…16
- アクリル絵の具
  白

リボンパンプス:赤
- ポスカ
  赤…02
  桃…11
  茶…13
  銀…17
- アクリル絵の具
  白

リボンパンプス:茶
- ポスカ
  青…03
  茶…13
- アクリル絵の具
  白

モカシン:茶
- ポスカ
  茶…13
  銀…17
- アクリル絵の具
  白

モカシン:水色
- ポスカ
  水色…12
  銀…17
- アクリル絵の具
  白

モカシン:青
- ポスカ
  青…03
  銀…17
- アクリル絵の具
  白

Lesson 7

アクセサリー加工

プラバンの汚れを取り、裏面に金具を接着するだけ。
パーツごとのコツをつかんで

ピアス金具（貼り付けタイプ）

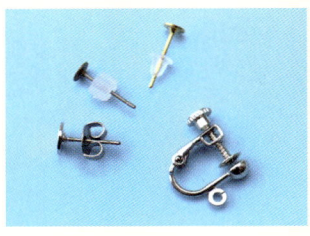

ピアス金具など小さなものは、牛乳パックなどに接着剤を出して、そこに金具を押しあてるとよいでしょう。

ヘアピン金具

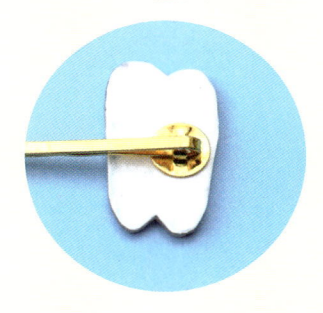

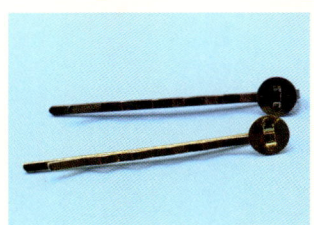

ヘアピン金具を厚紙などに挟んで固定し、接着剤をつけます。接着するときは上下左右のバランスをチェックして。

ブローチピン

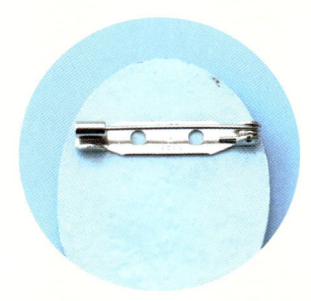

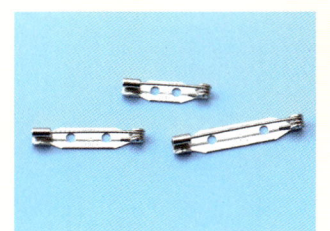

ブローチピンは、作品の上部に接着します。下につけすぎると、服につけたときにバランスが悪くなります。

接着の基本

1. プラバンの汚れを取り、金具に薄く接着剤をつける。
2. 金具を接着し乾かす。乾いたら完成。

ヘアゴム金具

ヘアゴム金具は、接着したらしばらく指で押さえておきます。不安定なときは、マスキングテープなどで巻いて固定して。

フック式ピアス金具・丸カン

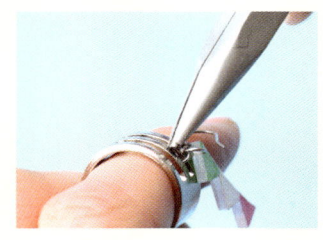

丸カンを前後に開き、焼く前に開けておいた穴に通して、フック式ピアス金具をつけ、丸カンを閉じます。ピアスの表裏をよく確認しましょう。

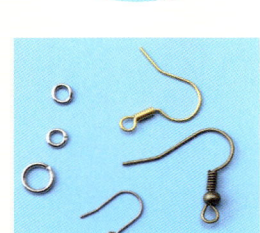

側面の汚れは削る

側面にはみ出したポスカや、垂れてしまったレジンはカッターで削るかやすりをかけます。カッターで削るとき、プラバンとレジンの隙間に空気が入るとレジンがはがれてしまうので注意して。

べたつきは除光液で

側面にはみ出したアクリル絵の具やレジンのべたつきは、除光液などをティッシュに染み込ませ、拭き取ります。ニスを塗った部分に除光液がつくと、ニスもはがれてしまうので注意して。

均等に揃えて描く
リボンのフリル

ロゼット風スタッフブローチ

社長

平社員

難易度 ★★★
図案 92ページ

チャーミングな野うさぎの
スタッフブローチ。
ロゼット風に飾って。

材料

- 透明プラバン(0.4mm厚)
- ポスカ
  黒…01
  赤…02
  青…03
  茶…13
  白…15
- アクリル絵の具
  パステルピーチ
  パステルブルー
  水色
- ▽ブローチ(ひとつにつき)
- ブローチピン(30mm):1個

社長
- ポスカ
  赤…02
  青…03
  茶…13
  白…15
- アクリル絵の具
  パステルピーチ

平社員
- ポスカ
  青…03
  茶…13
  白…15
- アクリル絵の具
  パステルブルー

作り方(社長)

1. プラバンA面に、野うさぎの図案1(p92)を
   ポスカ黒(極細)でなぞる。
2. 外側の線を残さないようハサミで切る。
3. A面ひだの部分をポスカ赤(中字など)で塗りつぶし、乾かす。
4. 図案2(p92)に重ね、A面に野うさぎの毛の部分を
   ポスカ茶(極細)、野うさぎのリボンの部分を
   ポスカ青(極細)、文字をポスカ黒(極細)で描き、乾かす。
5. A面を下にしてプラバンを焼き、プレスする。
6. B面をアクリル絵の具／パステルピーチで塗り、乾かす。
7. B面にニスを塗り、乾かす。
8. A面にレジンを乗せ、つまようじなどで気泡をとり、
   硬化する。
9. B面にブローチピンを接着する。

ユニークな勲章ブローチはプレゼントにも

ロゼットとは、お花のように装飾したもの。フリルたっぷりなリボンで、勲章などに用いられます。ネームを入れて、プレゼントしても喜ばれそうです。

シャチョウ
ヒラシャイン

ラウンド額縁に飾り
お花モチーフを閉じこめて

乙女ブローチ

アカ

ミズイロ

アオ

難易度 ★★★
図案 93ページ

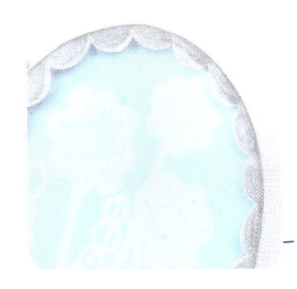

ブローチらしいブローチを作りたくて
シンプルなお花モチーフを、
シルバーの丸い額縁に閉じ込めました。

材料

- 透明プラバン (0.4mm厚)
- ポスカ
  赤…02
  青…03
  白…15
  銀…17
- アクリル絵の具
  白
  パステルブルー
- ▽ブローチ (ひとつにつき)
- ブローチピン (25mm) :1個

作り方 (アカ)

1. プラバンA面にだ円をなぞる。
2. 外側の線を残さないようハサミで切る。
3. A面に、花の図案1 (p93) をポスカ赤 (極細) でなぞる。
4. B面を図案2 (p93) に重ね、ふちの部分を
   ポスカ銀 (極細) で描き、乾かす。
5. A面を下にして焼き、プレスする。
6. A面をアクリル絵の具／白で塗りつぶし、乾かす。
7. 側面にもポスカ銀を塗る。
8. A面、側面にニスを塗り、乾かす。
9. B面にレジンを乗せ、つまようじなどで気泡をとり、
   硬化する。
10. A面にブローチピンを接着する。

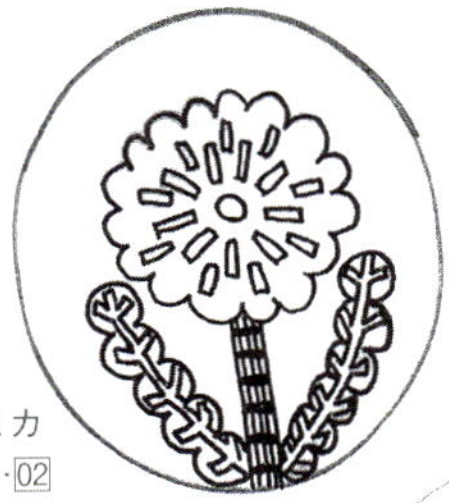

アカ
- ポスカ
  赤…02
  銀…17
- アクリル絵の具
  白

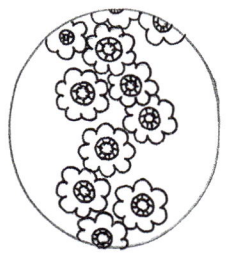

アオ
- ポスカ
  青…03
  銀…17
- アクリル絵の具
  白

ミズイロ
- ポスカ
  白…15
  銀…17
- アクリル絵の具
  パステルブルー

押し花をガラスに閉じ込めたように

額をB面に、お花をA面に描くため、焼くと立体的に見える作品です。側面にも色を塗ることで、更にできあがりに違いを生みます。レジンをぷっくり盛って、押し花をガラスに閉じ込めたような雰囲気を意識しました。

降り積もる雪を
表裏を描き分け
立体的に描く

ふわふわ雪のスノードームブローチ

難易度 ★★★
図案 91ページ

ツリーに降り積もる雪は
プラバンの表と裏に描くことで
立体的に見せます。

材料

- 透明プラバン(0.4mm厚)
- ポスカ
  赤…02
  緑…04
  黄緑…05
  茶…13
  白…15
  金…16
- アクリル絵の具
  赤
- ▽ブローチ
- ブローチピン(20mm):1個

作り方

1. プラバンA面に、外側の線だけなぞる。
2. 外側の線を残さないようハサミで切る。
3. A面に、図案のツリーの部分をポスカ金(極細)で、ツリーにかかるオーナメント部分をポスカ赤、黄色(極細)、土台の結晶はポスカ白(極細)でなぞる。
4. ツリーをA面側からポスカ緑(中字など)で塗りつぶし、降る雪とベースの雪の結晶をポスカ白(極細)で描き、乾かす。表にも描くので少なめに描く。
5. B面側から、土台をポスカ赤(中字など)で塗る。降る雪を数ヵ所、ツリーに積もる雪をポスカ白(極細)で描く。
6. A面を下にして焼き、プレスする。
7. B面にニスを塗り、乾かす。
8. A面の球体部分にレジンを乗せ、硬化する。気泡は大きいものだけつまようじなどで取り除く。それ以外はそのままにしておく(ガラスの感じがでる)。
9. A面のレジン上から雪を描き足し、乾いたら、またレジンをのせて、硬化する。
10. B面にブローチピンを接着する。

レジン後に雪を描き足し立体感を出す

レジン硬化後、雪を描き足し、またレジンする。ガラス部分に厚みがでて、立体感がでてきます。雪も何層かに渡って降っているので、ちらちら雪の雰囲気がでる作品です。ツリーのかわりに他の図案を縮小コピーして描き込んでもかわいいです。

基本の道具と材料

すべてクラフトショップや100円ショップなどで手に入ります。

プラバン

私は厚さ0.4mmの、加熱すると縮む透明プラバンを使用しています。100円ショップでも取り扱いがあります。一部の作品では白色プラバン0.2mmも使用します。

マスキングテープ

図案をなぞるときや、アクセサリー金具を接着するときにプラバンが動かないよう固定します。

ポスカ

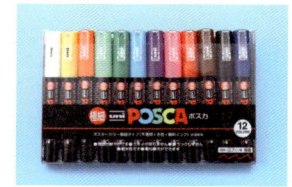

図案をなぞったり、絵柄を描いたりするときは水性カラーマーカーのポスカを使用します。主に極細、細、中字を使いますので、各色揃えておくと便利です。

ダーマトグラフ

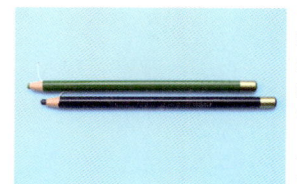

ワックスを含んだ色鉛筆で、一部の作品に使用します。一般的な色鉛筆では、やすりをかけないとプラバンに描くことはできません。白プラバンに描くと、画用紙に描いたような雰囲気になります。

ティッシュ・除光液

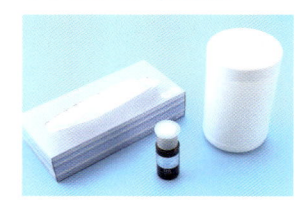

はみ出したポスカを拭ったり、プラバンの汚れを取ったりするために使います。アクリル絵の具やニスの汚れには、ネイル用の除光液をティッシュに含ませて使います。

ハサミ

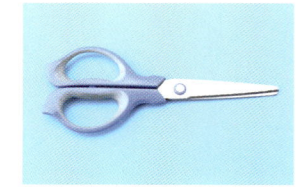

プラバンをカットするときに使用します。切れ味がよいものを選んでください。フッ素加工がされていると、色汚れがしにくいです。

穴あけパンチ

フック式ピアスやブレスレットなどを作るとき、プラバンに穴を開けます。直径3mmの穴を開けられるものを選びましょう。

オーブントースター

パンなどを焼く、一般的なオーブントースターを使用します。製品によってワット数が異なるため、焼く時間は調節してください。私は860wのものを使用しています。

アルミホイル・クッキングシート

プラバンに均等に熱を伝えるため、アルミホイルをくしゃくしゃにしたものを使います。クッキングシートを使用すると作品が取り出しやすいです。

金属トレイ

焼いたプラバンは少し丸まっていますので、オーブントースターから取り出してすぐ、金属トレイ2枚に挟んでプレスし、まっすぐにします。

アクリル絵の具・筆

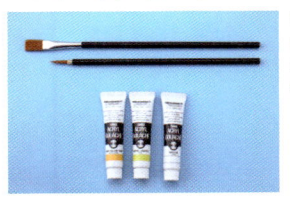

作品の裏面に主に塗ります。筆はあとが残りにくい平筆があると便利です。

ニス

色落ちを防ぎ、耐久性を高めるために使用します。

レジン（ハードタイプ）

ハードタイプを使用。適度に液がゆるく、硬化の早さが特徴でべたつかず、ぷっくり盛りやすいです。

つまようじ・竹串

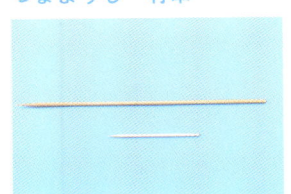

レジンをのばしたり、レジンの中に入ってしまった気泡を取り除くときに使います。

UVライト

ジェルネイルに使用する、一般的なUVライトです。レジンを硬化するときに使用します。

アクセサリー金具・丸カンなど

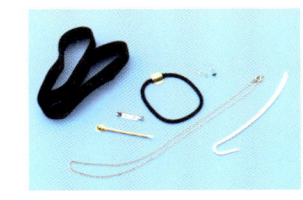

ブローチピン、ピアス金具、ヘアピン金具などは手芸店などで数百円程度から購入できます。作品のイメージに合った金具を選びましょう。

やっとこ・指カン

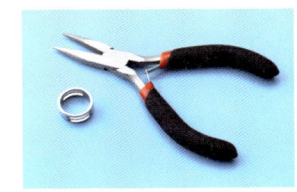

丸カンでフック式ピアスやブレスレットなどをつなぐときに使います。先がギザギザしているラジオペンチではあとが残りやすいので、平らなやっとこを。

接着剤

プラバンとアクセサリー金具を接着するときに使用します。金属とプラスチックに対応している接着剤を使ってください。

牛乳パック

接着剤を置いたりするときに、準備してあると後始末がかんたんです。

77

シモオゾノミホ 図案集

プラバンは約25％に縮みます。できあがりの裏面に柄を描く作品は、左右反転した図案を載せてありますので、このままなぞってください。

キャンディみたいな さんかくピアス

作品解説 6ページ

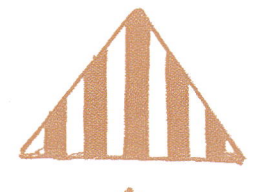

ちょうちょのヘアピン

作品解説 10ページ

赤ハナ

水色モクモク／青モクモク

青ブクブク

マステ

グルグル

オレンジドット／白ドット／黒ストライプ／黄ストライプの柄パターンは94-95ページ

リボンのブローチ
作品解説 14ページ

ピーチ

レモン
ブルー

ウォーター
ブラック

グリーンガーデン

モノトーンフラワー

ボーダー／ストライプの柄パターンは94-95ページ

うろこ

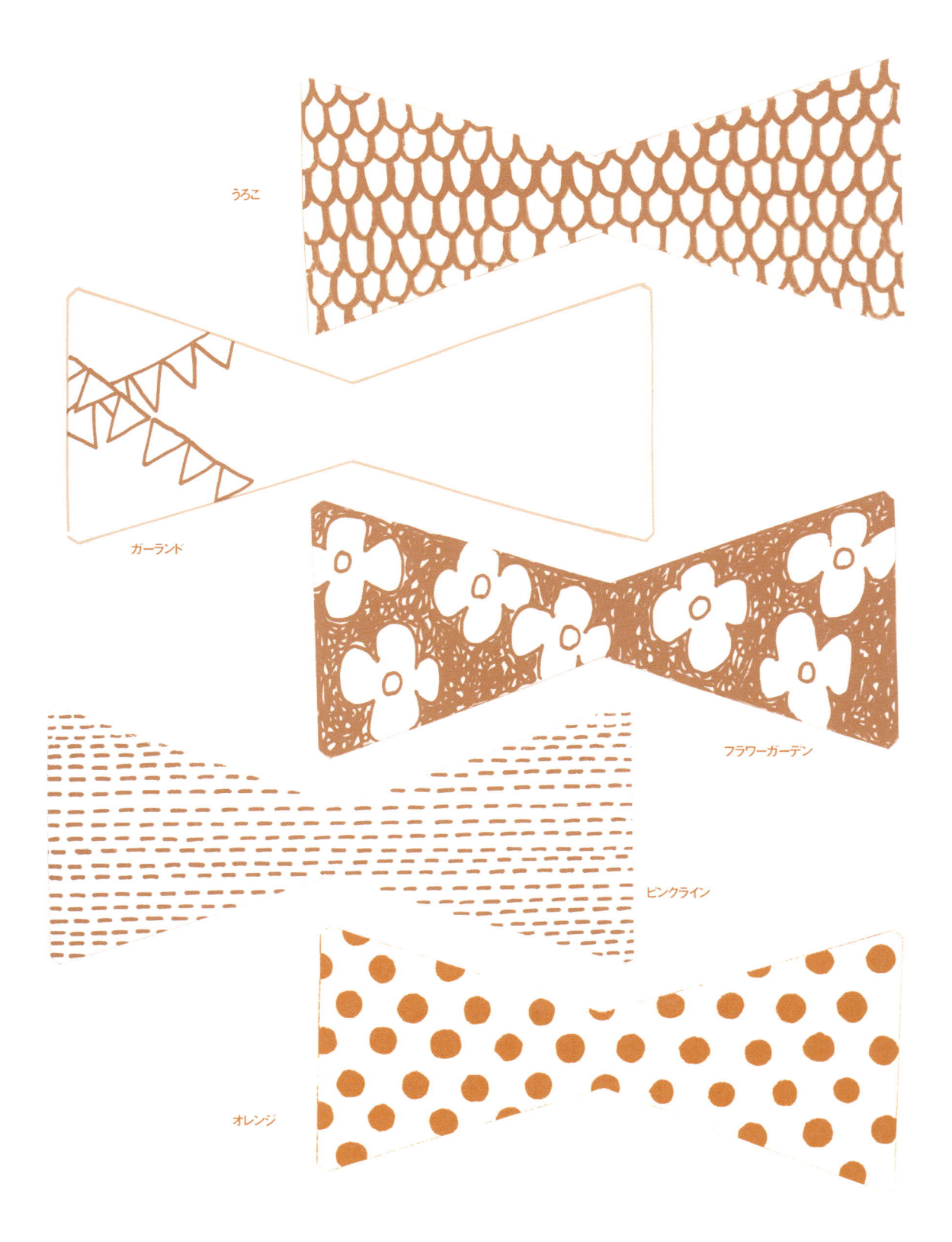

ガーランド

フラワーガーデン

ピンクライン

オレンジ

ピンク

ブルー&ゴールド

ホワイト

イエローサークル

ボーダー／ストライプの柄パターンは94-95ページ

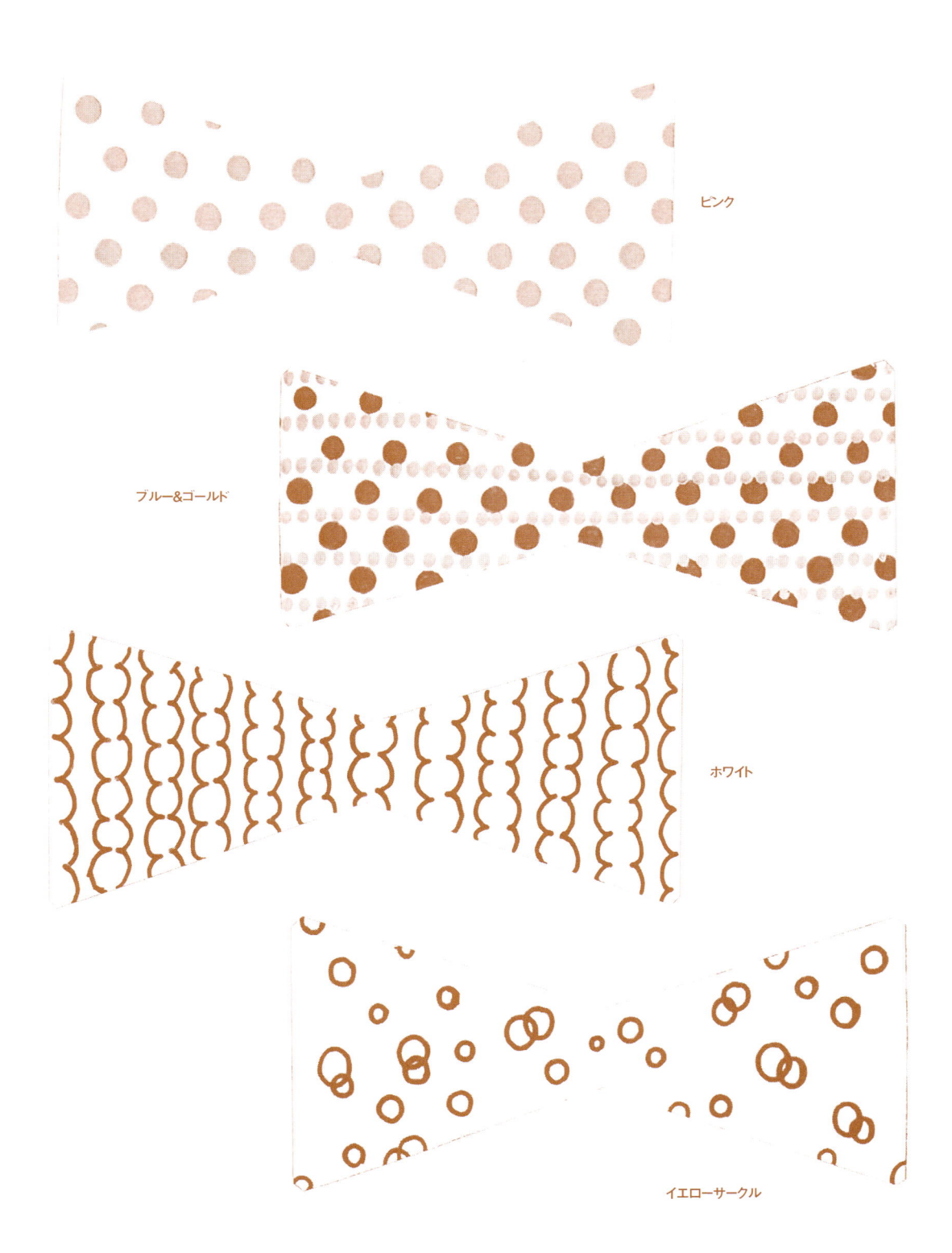

たくさん窓のあるおうちピアス 作品解説 20ページ

カップル 　　　　二世帯 　　　　集合住宅

ガーランドピアス
作品解説 24ページ

小さなツリーのピアス
作品解説 26ページ

シンプルピアス
ドットピアス

うろこピアス

ストライプピアス

きりんのブローチと
ゆらゆらピアス

作品解説 28ページ

図案1 ポスカ黒

シンプルブローチ

小さなツリーの
ブローチ

作品解説 26ページ

図案2 ポスカ茶

ボーダーブローチ

83

▼ ドットブローチ 作品解説 30ページ

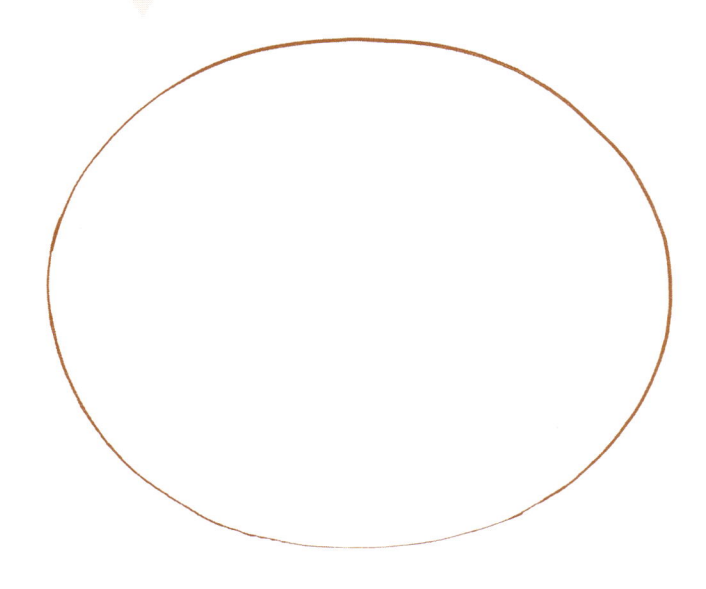

▼ バレエシューズの
　ヘアピン
作品解説 34ページ

ことり

▼ ことりと森のヘアゴム
作品解説 32ページ

森

▼ カップケーキのブローチ

作品解説 36ページ

▼ スイッチオンブローチ

作品解説 38ページ

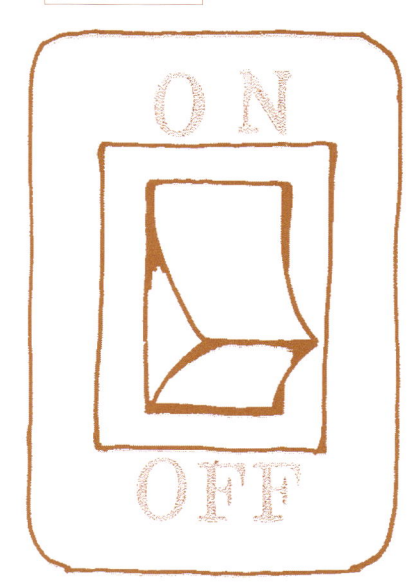

▼ ピーナッツの
シンプルブローチ

作品解説 39ページ

▼ 「ふくろう商店」の
ふくろうブローチ

作品解説 42ページ

しろくまの親子でブローチ 作品解説 44ページ

汗
リボン
照り返し
ドット
こぐま

ブタさんのマグネット 作品解説 46ページ

ちょうちょ
おはな
ロゼット
おかいもの

ペンギンのブックマーカー
作品解説 48ページ

しまうまブローチとブレスレット
作品解説 52ページ

ブローチ

ブレスレット

白ブローチ

レースリボンのブローチとピアス
作品解説 50ページ

グレーピアス
ネイビーピアス

カラフルネコのキーチェーンとブローチ 作品解説 54ページ

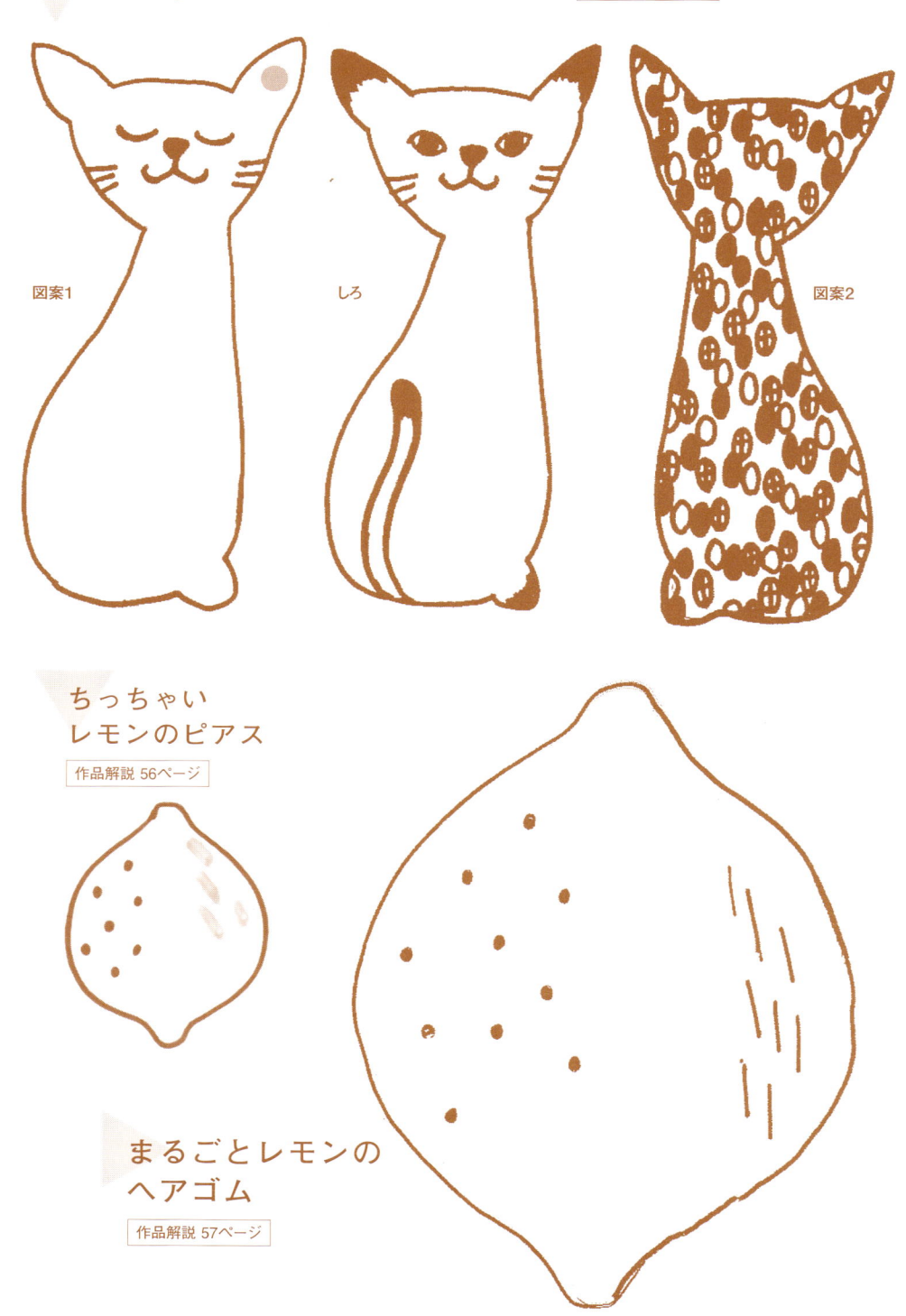

図案1　　　しろ　　　図案2

ちっちゃいレモンのピアス
作品解説 56ページ

まるごとレモンのヘアゴム
作品解説 57ページ

スライスレモン
2枚のブローチ
作品解説 58ページ

まんまるヘアゴム
作品解説 64ページ

ほんわかパグの
ブローチ
作品解説 60ページ

89

熟れすぎバナナ
図案1

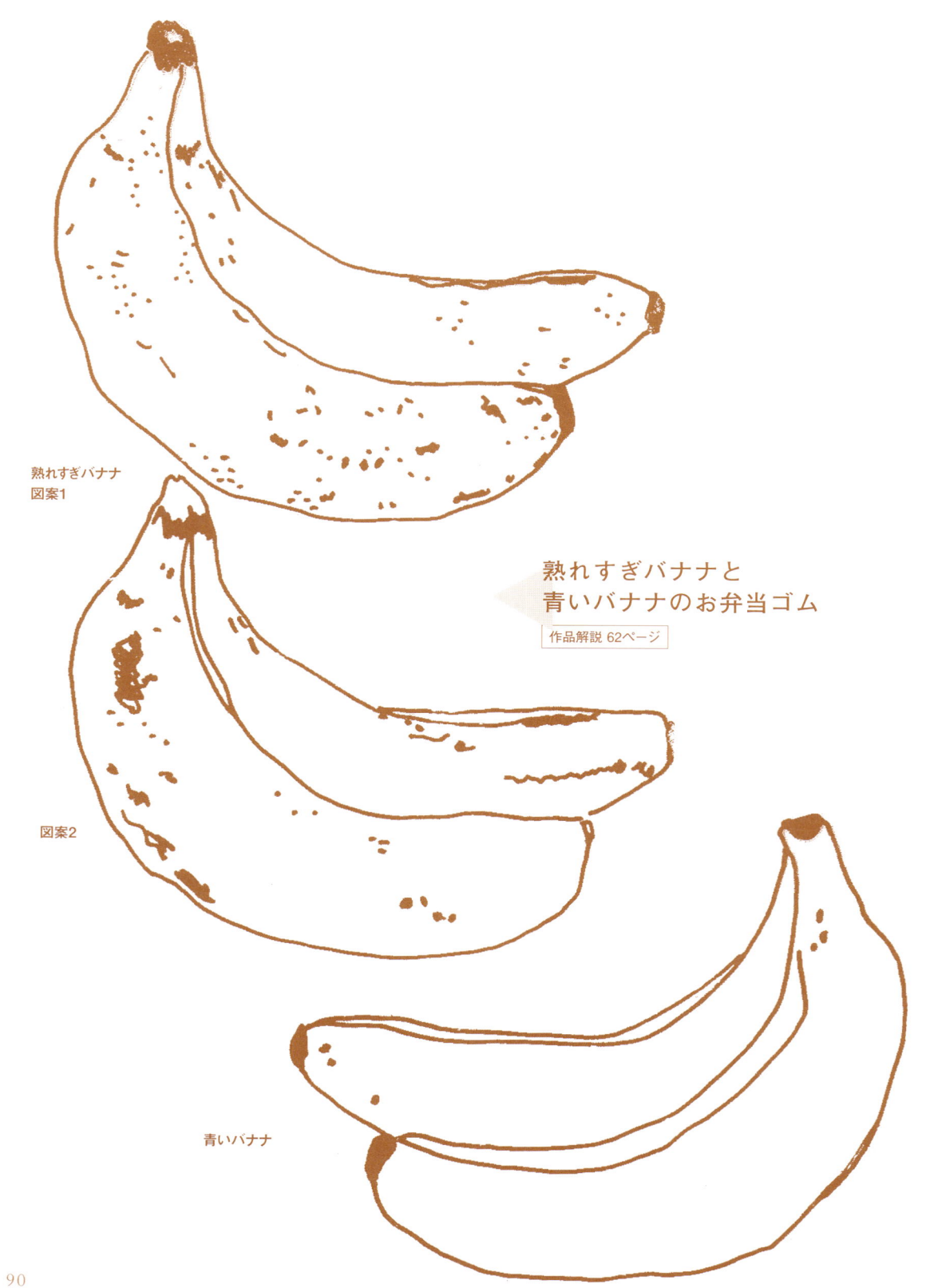

図案2

青いバナナ

熟れすぎバナナと
青いバナナのお弁当ゴム
作品解説 62ページ

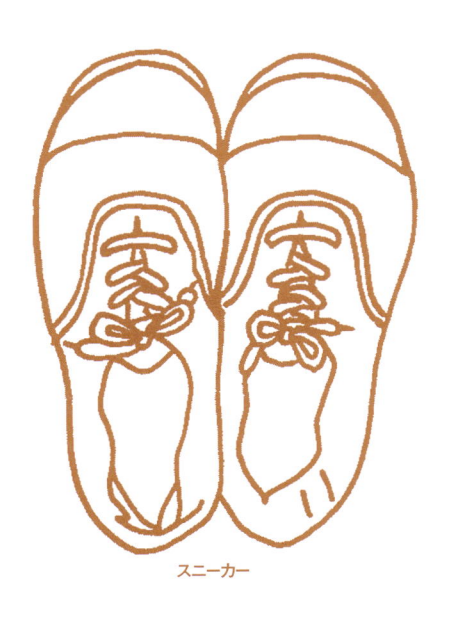

▼ スニーカー、リボンパンプス、
モカシンのお靴ブローチ

作品解説 66ページ

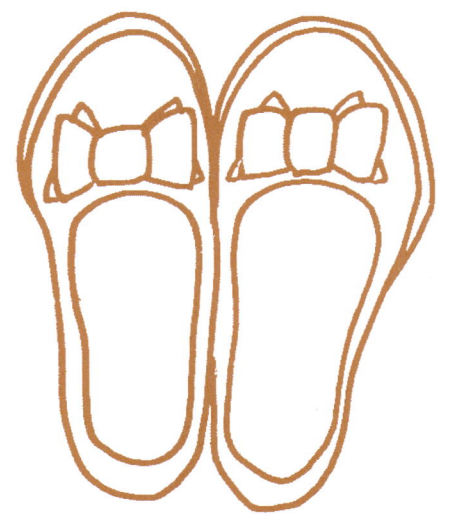

リボンパンプス

スニーカー

▼ ふわふわ雪の
スノードームブローチ

作品解説 74ページ

モカシン

インソールの柄パターンは94-95ページ

図案1

図案2

ロゼット風スタッフブローチ
作品解説 70ページ

シャチョウ ヒラシャイン

アオ
図案1

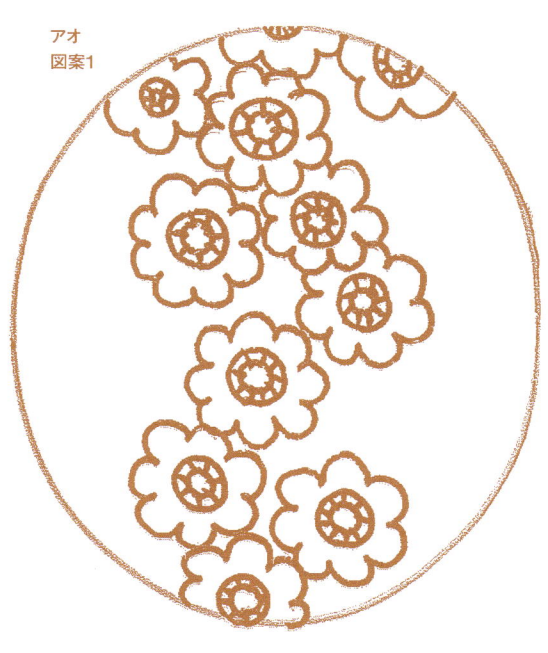

アカ
図案1

乙女ブローチ 作品解説 72ページ

ミズイロ
図案1

図案2

パターン集 ストライプ／ボーダー／ドットの柄は、こちらの柄パターンにプラバンを
重ねて塗ってください。塗る個所はお好みでどうぞ。

左上：ボーダー 2.5mm幅　左下：ボーダー 6.5mm幅　右上：ボーダー 10mm幅　右下：ドット

作品制作・how to
シモオオゾノミホ (mimie)

宮崎出身。北海道札幌市在住。鹿児島純心女子短大食物栄養専攻卒業。アートフラワー講師の母親の影響で、ものづくりに興味を持つ。幼いころから絵を描くことが好きで、陶芸や絵画教室に参加。友人とフリーマーケットに出品する作品としてプラバン小物制作をはじめ、自分の絵が圧縮されて作品になること、人工的で硬質な風合いに魅かれて作品をインスタグラムで発表し話題に。
現在は、「mimie」として活動。札幌在住の布小物作家、柿崎由香、畠山直子、鎌田智美とのユニット「ふくろう商店」でのイベント参加、雑貨店等での委託販売のほか、意欲的に新作をインスタグラムにアップしている。
趣味はドライブ、フルーツアート、キャンプ、スノーボード。2児の母。
http://instagram.com/mimirioryuta

○スタイリング協力（32・34・72ページ）／ヒラタクミ
http://instagram.com/kunkun_
http://kunkun93.wix.com/kunkun

○イラスト協力（60・70ページ）／室井夏実
http://instagram.com/natsumi_muroi
http://muroinatsumi.thebase.in/

staff

撮影／小澤顕
編集／株式会社スタンダードスタジオ
　　　山田浩司　丸山千晶　ナカヤメグミ
デザイン・DTP／d.tribe

この本の内容に関するお問い合わせ先
株式会社スタンダードスタジオ
TEL03-5825-2285

大人可愛い プラバン小物とプチかわアクセサリー
かんたんアレンジ85

2014年6月30日　第1版・第1刷発行
2014年7月15日　第1版・第4刷発行

作品制作　　シモオオゾノミホ
発 行 者　　メイツ出版株式会社
　　　　　　代表者　前田信二
　　　　　　〒102-0093　東京都千代田区平河町一丁目1-8
　　　　　　TEL:03-5276-3050（編集・営業）
　　　　　　　　 03-5276-3052（注文専用）
　　　　　　FAX:03-5276-3105
印　　刷　　株式会社厚徳社

●本書の一部、あるいは全部を無断でコピーすることは、法律で認められた場合を除き、著作権の侵害となりますので禁止します。
●定価はカバーに表示してあります。
©スタンダードスタジオ,2014.ISBN978-4-7804-1463-9 C2077　Printed in Japan.

メイツ出版ホームページアドレス http://www.mates-publishing.co.jp/
編集長：大羽孝志　企画担当：折居かおる　制作担当：稲野邉由香